教育英語意味論への誘い

開拓社
言語・文化選書
60

教育英語意味論への誘い

武田修一 著

開拓社

はしがき

　私たちは，毎日毎日の日常生活の中で，母語を自由に使いこなしているが，母語について文法の存在を意識することはほとんどない。たとえば，日本語母語話者は，「と」と「か」の使い分けに関して，「あなたはその会社に何が起こったと知っていますか。」「あなたはその会社に何が起こったか思いますか。」という日本語が不自然であると直観的にたやすく判断することができる。しかし，外国語については状況が大きく異なる。たとえば，英語を外国語として学習している人たちは，英語を実際に使用する際に，英語母語話者が備えている英語に関する言語直観を利用することができない。そこで，その言語直観に代わる仕組みが必要になる。その仕組みが文法であり，外国語学習において文法が必要となる理由はここにある。

　外国語の文法は，通例，意識して学習しなければならない。抽象的な規則を機械的に覚えるだけでは，望ましい成果は得られないと思われるが，学習の対象となっている言語の仕組みを理解するためには，文法の手助けが必要になる。母語については，その使用に際して文法の存在を意識することはほとんどないが，だからといって，外国語学習において文法学習が不要であるということにはならない。外国語の場合には，母語の場合と異なって，意識して文法を学習しながら，それを道具として利用していくことになる。ここで問題となるのは，どのような文法が外国語を使用する際に役立つのかという論点である。

外国語学習にとって役に立つ文法，つまり，好ましい学習文法の条件とは何か，この課題について考えておかなければならない。言語の実体は，一般に，表現と意味の対応としてとらえることができる。〈この表現はこのような意味で用いられる〉〈この意味はこのような表現で言語化される〉という見方が基本となる。この「表現と意味を結び付けている仕組み」を説明したものが文法である。抽象的な規則を列挙したものが文法ではない。外国語としての英語について言えば，英語表現が伝えている意味を理解したり，意図した意味を伝えるための英語表現を組み立てたりする際に手助けとなる道具が，英語学習にとって役に立つ英文法，つまり，役に立つ学習英文法ということになる。

　このような英文法を組み立てるには，英語表現の意味と用法の研究を重視する視点が大切となる。さらに，外国語として英語を学ぶ日本語母語話者について言えば，英語と日本語の関係についても目を向ける必要がある。表現の形は英語と日本語で異なるかもしれないが，意味の側面では有意義な類似性・関連性が見いだされるかもしれない。また，それぞれの英語表現がどのような状況で使われるのかを理解することも必要である。つまり，英語表現の意味と用法の理解を重視し，英語について総合的な語感を養っていくうえで役に立つような英文法が必要である。このような英文法を想定してはじめて，英語を母語とする人たちが英語について備えている言語直観の基盤とも言える仕組みにわずかではあっても近づくことになる。

　本書では意味論に基づく学習英文法の可能性について検討する。言語学の一領域である意味論の英語教育への応用について考える。英語教育を意識した意味論という視点は，「教育英語意味

論」という新しい意味論研究につながる可能性がある。本書の目的は，教育英語意味論の基盤となる意味理論を網羅的に解説することではなく，意味論を背景として英語学習の方法を再考すると，どのようなことになるのか，その見方，考え方を概観することである。外国語学習には，海外の異文化を理解したり，自国文化を海外に発信したりするための道具を手にすることができるという意義に加えて，もう一つの根本的な意義がある。言語はさまざまな精神活動の基盤となるが，外国語学習を通してさまざまな思考方式を体験することができる。つまり，外国語を学習することによって，自らの思考力を鍛えることができるし，思考のネットワークを拡げていくことも可能となる。意味論に基づく英語学習は，まさにこの視点にもつながると言える。この点においても教育英語意味論の視点が大切であることがわかる。

　本書は第Ⅰ部「教育英語意味論の方法」と第Ⅱ部「教育英語意味論の実践」とから成る。第Ⅰ部は四つの章から成り，教育英語意味論の考え方の基本を紹介する。また，第Ⅱ部は六つの章から成り，教育英語意味論の視点から英語学習のさまざまな課題を考察する。どの論考も，最初はそれぞれ独立した論文として研究誌，学会誌で発表されたものであるが，大幅な修正と加筆を行っている。本書をまとめるに当たり，教育英語意味論という新たな研究領域を意識し，すべての論考を見直し，修正と加筆を加えた。さらに，どの章から読み始めてもできる限り内容が理解できるよう，本書の基本的な姿勢についてはその概要を各章に盛り込むよう心掛けた。

　英語という言語の仕組みの理解と運用に関心をお持ちの方々にとって，本書が英語の文法・語法について思索をめぐらすための

よき場となれば幸いである。本書を刊行する機会を与えてくださった開拓社編集部の川田賢氏のさまざまなお心遣いに対し，ここに記して心から感謝の意を表したい。さらに，私が大学院に在学していたときから現在に至るまで，言語研究のあり方・考え方についてさまざまな場で多大な指導と助言をいただいた安井稔先生と中右実先生に深く感謝申し上げたい。

　なお，本書で提示されている用例中の表現に下線が施されているところがある。これは，注目すべき表現がすぐにわかるよう筆者が書き入れたものである。また，小説などの比較的長い用例については日本語訳を付けているが，不自然にならない範囲で中立的な文体で提示してある。さらに，言語に関する記述で重要な内容を伝えている引用についても日本語訳を付けている。

　2016年4月

　　　　　　　　　　　　　　　　　　　　　　武田　修一

目　　次

はしがき　*v*

第 I 部　教育英語意味論の方法

第 1 章　英語学習における英文法の役割 …………………… *2*
1. はじめに　*2*
2. honestly の意味論　*5*
3. increase の意味論　*11*
4. おわりに　*14*

第 2 章　英語意味論に基づく学習英文法 …………………… *16*
1. はじめに　*16*
2. 〈表現文法〉としての学習文法　*18*
3. おわりに　*33*

第 3 章　英語意味文法の思考基盤を考える ………………… *36*
1. はじめに　*36*
2. 意味文法の方法　*38*
3. おわりに　*51*

第 4 章　英語語彙ファイルの体系を考える ………………… *53*
1. はじめに　*53*
2. 語彙の内在的体系化と外在的体系化　*54*

3. 応用事例としてのアカデミック英語　*66*
4. おわりに　*73*

第II部　教育英語意味論の実践

第5章　英語語彙文法と教育英語意味論 …………………… *76*
1. はじめに　*76*
2. 学習英文法における動詞の取り扱い　*78*
3. 動詞の語彙文法　*80*
   3.1. enter の語彙文法　*80*
   3.2. operate の語彙文法　*83*
4. 予測論理に基づく動詞の語彙文法　*86*
   4.1. 内在的体系性——予測論理に基づく文法項目　*86*
       try to do と try doing ／ search と search for ／
       grow up と grow ／ change trains
   4.2. 外在的体系性——予測論理に基づく文法項目　*90*
       steal と rob ／ educate と bring up ／
       match と suit ／ win と beat ／
       borrow と lend
5. おわりに　*95*

第6章　英語構文と教育英語意味論 …………………… *97*
1. はじめに　*97*
2. 意味論的構文論の試み　*99*
3. 外国語学習と意味論的構文論　*104*
4. おわりに　*111*

第7章　英語語法解説と教育英語意味論 …………………… *113*
1. はじめに　*113*

2. 英語語法記述の基盤としての意味論　*114*
　2.1. 分詞を使った表現形式　*115*
　2.2. 不定詞をめぐる曖昧性　*117*
　2.3. 同格の that 節　*120*
　2.4. 関係詞の照応領域　*121*
　2.5. 名詞の可算性　*122*
　2.6. 情報の焦点化　*124*
　2.7. 不定冠詞の意味と機能　*127*
　2.8. 節の時間表現　*129*
3. おわりに　*130*

第8章　英語冠詞の教育英語意味論　*132*

1. はじめに　*132*
2. 英語冠詞の運用基盤　*134*
3. 英語冠詞の運用事例　*137*
4. おわりに　*146*

第9章　英語現在完了形構文の教育英語意味論　*147*

1. はじめに　*147*
2. 現在完了形構文の運用と認知構造　*151*
3. おわりに　*165*

第10章　SF と教育英語意味論　*170*

1. はじめに　*170*
2. SF 作品のテーマ　*171*
3. SF 特有の思考方式　*175*
4. SF で用いられる言語　*181*
5. おわりに　*185*

あとがき ……………………………………………… *187*

参考文献 ……………………………………………… *191*

索　　引 ……………………………………………… *201*

初出一覧 ……………………………………………… *209*

第 I 部

教育英語意味論の方法

第1章　英語学習における英文法の役割

1. はじめに

　言語表現（語，句，文など）は，一般に，形の側面と意味の側面とから成る。概略的に言えば，これら二つの側面を結び付けている仕組みを記述・説明したものが「文法」である。外国語学習において，学習の対象となっている言語の文法に関する知識の習得は不可欠であると思われる。外国語の運用に際して，私たちは，その言語を母語としている人々が母語について持っている言語直観を利用することができない。外国語学習において文法の知識が必要となる理由は，ここにある。

　次の引用では，母語の運用の前提として文法が存在していること，さらに，その文法の位置付けが明確に述べられている。

> Because the use of language to communicate presupposes a grammar, it follows that all speakers of a language must have knowledge of its grammar. However, this knowl-

edge differs from knowledge of arithmetic, traffic safety, and other subjects that are taught at home or in school. Unlike these other types of knowledge, grammatical knowledge is acquired without the help of instruction when one is still a child and it remains largely subconscious throughout life.

(O'Grady, Dobrovolsky and Aronoff (1993: 7))
(コミュニケーションを意図した言語使用は文法の存在を前提としているため，言語の話し手は，すべて，その言語の文法に関する知識を備えていなければならないということになる。しかしながら，この知識は，算数，交通安全，さらに，家庭や学校で教えられる他の学習領域に関する知識とは異なっている。文法に関する知識は，それ以外の種類の知識とは異なって，まだ子供の時に，教育の助けを借りずに獲得され，たいていの場合，一生を通じて意識下にあるままである。)

　私たちは，日ごろ，母語を自由に使いこなしているが，文法の存在を意識することはほとんどないように思われる。だからといって，これは，文法という体系の存在を否定することにはならない。存在はするが，それを意識してはいないということである。
　外国語の運用について言えば，その言語を母語とする人々が無意識のうちに使用している言語直観に代わる仕組みが必要であると判断される。このような仕組み，つまり外国語の文法は，意識的に学習しなければならない。確かに，抽象的な文法規則の機械的な学習だけでは，外国語学習について望ましい成果は得られないかもしれない。しかし，学習の対象となっている言語の一般的

な特徴を意識的に学ぶことは不可欠であると思われる。問題は，どのような文法現象に注目し，それらにどのような説明を与えるのが学習上有意味であるのかという点に集約される。この課題を解決するには，言語研究の成果を外国語教育に応用する視点が必要になる。本書では，意味論という研究領域に注目し，外国語教育と意味論の接点として，「教育意味論」という研究領域を仮定し，そこから外国語学習における文法の位置付けについて考察してみたい。

　外国語としての英語の学習に必要な文法について言うなら，個々の英語表現とそれが伝える意味との対応関係を浮き彫りにしてくれる学習文法の構築が望まれる。このような学習文法を構築するためには，学習の対象となっている英語の文法・語法現象を綿密に検討していく基礎作業が必要となる。このような作業を行う際に，意味論や語用論の考え方の導入は極めて有益である。この視点は，学習対象として英語を想定した「教育英語意味論」の重要な研究基盤となる。意味論と語用論に限らず，最近の英文法研究の進展には目を見張るものがあり，さまざまな言語事実が明らかになっている。本章では，このような新しい視点も利用しながら，教育英語意味論の基本的な考え方，つまり「英語表現の特徴を意味論的に考える」とはどのような思考を展開していくことなのか，この論点について，主として副詞と動詞の意味論から具体例を取り上げて論じてみたい。

　教育英語意味論に基づく学習英文法の体系を論ずる前に，まず，教育英語意味論の考え方の基本を概観してみたい。以下の事例に見る意味論の現象説明力は，意味論と学習英文法の有意義な連携，さらに，教育英語意味論という研究領域の重要性を強く示

唆している。英語にかかわる文法・語法現象を意味論の視点から一つずつ詳細に検討していく姿勢が，教育英語意味論の重要な思考基盤となる。

2. honestly の意味論

　英語の副詞にはさまざまな種類のものがある。さらに，その用法も多岐にわたる。同一の副詞が複数の機能を持つこともある。たとえば，副詞の中には，文全体とかかわりを持つ文修飾機能と語句とかかわりを持つ語句修飾機能とを持つものがある。

　ここでまず注目したいのは「文副詞」(obviously, apparently, probably, perhaps, fortunately, amazingly, honestly, happily, etc.) と呼ばれる副詞群である。一般的に言えば，文副詞は，文全体に何らかの意味を添える機能を持つ。英語学習で用いられる教材の英文が，現実の状況で実際に使われる自然なものになればなるほど，文副詞に遭遇する確率は高くなると思われる。文副詞は話し手のさまざまな意図を反映しており，文副詞の理解は，英文を的確に理解し，意味の流れをつかむのに役立つ。さらに，そこから得られた「意味と形の対応関係」を英語表現の生成に結び付けることによって，綿密な発話行為が可能となる。

　Greenbaum (1969) に基づけば，文副詞は，合接詞 (conjunct) と離接詞 (disjunct) とに分類される。合接詞とは「何らかの意味で前述したこととのつながりを記述するもの」で，moreover, furthermore, however, meanwhile, namely, nevertheless, therefore などがある。一方，離接詞は以下のように下位区分される。

(i) 文体離接詞 (style disjunct)： 話し手のコメントを表し，述べられていることに関してどういう条件下で話し手が発話しているかを示す。

confidentially, candidly, frankly, honestly, truly, etc.

(ii) 評価的離接詞 (evaluative disjunct)： 述べられている命題内容に関する話し手の評価・態度を表す。

foolishly, fortunately, happily, incredibly, luckily, etc.

(iii) 法的離接詞 (modal disjunct)： 述べられていることの真偽値に対する話し手の態度を表す。

admittedly, clearly, obviously, perhaps, probably, possibly, etc.

評価的離接詞と法的離接詞は合わせて態度離接詞 (attitudinal disjunct) と呼ばれる。

ここでは，次の例に見る honestly という副詞の意味と用法について考えてみたい。

(1) a. Honestly, I know he's quite a burden on you.

(Haraguchi et al. (eds.), *Pro-Vision English Course* II: 67)

(正直言って，彼があなたにとって大きな重圧になっていることを私は知っています。)

b. Anything you do looks great, honestly. You're at the age where you can't do anything wrong.

(Allen, *Four Films of Woody Allen*: 355)

(あなたがやることは何でも本当にすばらしいわ，本当にね。あなたは間違ったことはこれっぽっちもできない年齢なのね。)

honestly は個性的な副詞で，文副詞をはじめとしていくつかの用法を持つ。文副詞としては，「正直に言うと」という意味合いで，(1a) に見るように，文頭に置かれたり，(1b) に見るように，文末に置かれたりする。honestly speaking, in all honesty などの変化形を持ち，分類としては離接詞の一つである文体離接詞として位置付けられる。以下の例に見るように，複文構造の前に用いられることもある。

(2) 'What about the shots?'
'Honestly, when I heard those I thought it was a truck back firing.'

(Gardner, *The Case of the Vagabond Virgin*: 166-167)
(「銃声のことはどうなんです？」
「正直言って，それを聞いたとき，トラックのエンジンのバックファイアだと思いました」)

興味深いことに，honestly は，文中に置かれて，語句を修飾することがある。

(3) a. Uh, do you—do you honestly think that I tried to run you over?

(Allen, *Four Films of Woody Allen*: 260)
(ええと，あなたは——あなたは本当にそう思っているのですか？ 私があなたをひこうとしたなんて。)

b. Well, Allred was pretending to be my brother-in-law, and I honestly thought that, if I kept up the amnesia act until he'd concluded a deal with

Jerome, that would be all there'd be to it.

(Gardner, *The Case of the Lazy Lover*: 134)

(そう，オールレッドは私の義兄のふりをしていました。私が記憶喪失のふりを続けて，彼がジェロームとの取引を成立させてしまえば，それだけのことで終わってしまうだろうと私は本当に思いました。)

(3a) と (3b) の honestly は，それぞれ，think と thought を強調し，「本当に」という意味合いを表す。このような honestly の位置付けについては議論の余地がある。つまり，強意の意味を持った語句修飾の副詞なのか，それとも，文副詞の特別な用法なのか，という議論が生ずる可能性がある。修飾の局地化現象ということで説明することもできる。

　文副詞については，以下の例に見るように，修飾の局地化現象がしばしば観察される。

(4) 'That's a confidential communication to an attorney, isn't it?' Della Street asked.
'It depends,' Mason said. 'It's privileged as far as I'm concerned and as far as the client is concerned, but if some person happens to eavesdrop, that's another question, and probably a rather technical question. ....'

(Gardner, *The Case of the Amorous Aunt*: 202)

['....' 部分の省略は筆者による]

(「それは弁護士だけに打ち明けられた話ではないのですか？」とデラ・ストリートは尋ねた。

「それは場合によるよ」とメイスンは言った。「私と依頼人に

ついては特権が与えられているが,誰かがたまたま盗み聞きをしたとすれば,それは別問題だ。おそらく,法律の技術的な問題になるんだ。....」)

probably は典型的な文副詞の一つであるが,ここでは,a rather technical question という語句を修飾している。興味深いことに,honestly の場合と同様に,推測の意味を表す probably は,類似した意味を表す perhaps, maybe などとともに,think という動詞と共起することがあるという特性を持つ。

(5) a. If you'll just come with us for a few moments, Mrs Elmore, we may be able to help you, and I think perhaps you're going to need help.

(Gardner, *The Case of the Amorous Aunt*: 64)

(エルモアさん,あなたが少しの間私たちと一緒にいてくだされば,私たちはあなたの助けになれるかもしれません。そして,あなたは助けが必要になるのではないかと思います。)

b. I think probably you know by this time that Mildred Crest was, unfortunately, in the second month of pregnancy.

(Gardner, *The Case of the Foot-Loose Doll*: 22)

(もうすでにあなたはミルドレッド・クレストが,不運なことに,妊娠2か月であったことをご存じなのではないかと思います。)

この場合,perhaps と probably は think と結び付いて,断定を和らげる働きをしていると考えられる。

文副詞は話し手のさまざまな感情を表出するが，honestly も例外ではない。次の文では，honestly が批判的な発話の出だしのことばとして用いられている。

(6) <u>Honestly</u>, Braling, I hate to say this, but you *have* been patient with her. You may not admit it to me, but marriage has been awful for you, hasn't it?

(Bradbury, *The Stories of Ray Bradbury*: 268)

(ブレイリング，本当のところ，こんなことを言うのはいやなんだけど，君は彼女のことをずっと我慢してきたよね。君としては私に対してそれを認めないかもしれないけど，君にとって結婚はひどいものだったんじゃないの？)

文副詞は話し手の意図に直結する用法が多いので特に注意が必要である。

当然のことながら，すべての文副詞が同一の特徴を示すわけではない。英語教育上，この視点は重要である。たとえば，態度離接詞の多くのものに，対応する「It is + 形容詞 + that 節」構文があるが，honestly についてはそのような構文はない。clear と unfortunate は，それぞれ，態度副詞 clearly と unfortunately に対応する。

(7) Many of his poems are in the first person —"I"— yet it is <u>clear</u> that he speaks not for himself alone but for all mankind.

(Copeland (ed.), *High School Subjects Self Taught*: 470)

(彼の詩の多くは一人称―「私」―で表現されているが，自分自

身のためだけでなくすべての人間のために語っていることは明らかである。)

(8) It's <u>unfortunate</u> that he couldn't be here for your birthday. (*Merriam-Webster*)

文副詞については，大まかな分類を意識するだけでなく，個々の副詞の特性にも留意しなければならない。個々の副詞の意味と用法，さらに他の副詞との比較など，さまざまな視点からの考察が必要である。

3. increase の意味論

　教育英語意味論の考え方を示す例として，本節では，increase という動詞にかかわる表現行為について考察する。increase をめぐる現象もまた，英語表現の表層的な構造だけを見ていたのでは説明が難しく，英語表現の意味の諸相に留意することで理解が容易になると思われる事例である。状況のとらえ方が言語表現の構造に反映する事例となる。

　increase という動詞は，〈数〉〈量〉〈価値〉などの「変動概念」の増加を意味する。ここで注目したいことは，increase が自動詞として使われる場合，変動概念を表す名詞（たとえば number, amount, value など）を主語とする表現形式と，変動概念が適用される対象を表す名詞を主語とする表現形式とがあるという事実である。(9) と (10) はその典型例である。

(9) The number of students has increased dramatically over the last ten years. (*CSLD*)

(10) The United States of America as an independent country was born when the Declaration of Independence (July 4, 1776) and the American Revolution resulted in the 13 original colonies becoming states "free and independent" of Great Britain. Those 13 states have increased in number and extent until there are now 50.

(Copeland (ed.), *High School Subjects Self Taught*: 226)
(独立国としてのアメリカ合衆国が生まれたのは、独立宣言(1776年7月4日)とアメリカ革命の結果、13の植民地が英国から「独立し自由な」州になったときのことであった。それら13の州は広さとともに数も増え、今では50州となった。)

(9) では、〈数〉を表す名詞が状況記述の出発点となっている。一方、状況記述において変動概念と結び付いている対象に焦点が向けられると、変動概念を表す名詞は背景化し、in number and extent のような補足表現として言語化される。これが (10) のような例である。

興味深いことに、たとえば、(11) の threefold、(12) の over the last decade、さらに (13) の every year などのように、変動概念が誘発されるような概念記述があると、in 〜 という表現は必ずしも必要ではなくなるように思われる。

(11) Visits to the site have increased threefold since May.

(*LDCE*)

(12) Our costs increased dramatically over the last decade.

(*MED*)

(13) These flowers will increase every year. (*SFAD*)

変動概念の背景化がさらに進行する可能性も考えられる。〈数〉という概念は，変動概念の中でも基本的なものなので，それだけ文脈による予測が容易になるため，in number が使われない事例も生ずることになる。また，〈数〉などの変動概念があまり重要でない場合も同じような結果になる。以下の例は，この事例として説明することができる。

(14) The fall semester passed quickly. The pills increased. Therapy became a regular routine.

(Albom, *Tuesdays with Morrie*: 11)

(秋学期が瞬く間に過ぎた。錠剤の数が増えた。治療が決まった日課になってしまった。)

次の例に見る increase の用法について考えてみよう。

(15) a. The night sky of the island once was filled with many bright stars. But as the city grew over the years and artificial lights increased, it became difficult to see the Milky Way.

(Haraguchi et al. (eds.), *Pro-Vision English Course* I: 105)

b. Human activities have increased thanks to artificial light and it has made cities more animated.

(ibid.: 112)

(15a) では，the city grew over the years が変動概念誘発因子となっていると考えられる。また，(15b) は，文脈予測に基づいて変動概念の決定が行われている事例だと思われるが，ここでは

〈数〉の変動概念の背景化というより，〈種類〉という変動概念が意図されているようにも思われる。つまり，変動概念を表す名詞が明示されないと，解釈の幅が生ずることになる。話し手がどのような意図で発話行為を行っているのかが重要となる。この点についてはさらなる議論が必要である。

4. おわりに

本章では，外国語学習における文法の意義と役割について論じた。外国語を運用する際に役立つ文法とは，その言語を母語としている人々が母語について持っている言語直観の代わりとなるものである。文法は抽象的な規則の集合ではなく，説明力を備えたものでなければならない。言語表現の意味を理解し，さまざまな言語表現を組み立てるのに役立つ道具でなければならない。ここから，言語学の成果を外国語教育に応用するという視点が浮き彫りにされてくる。これが教育言語学の出発点である。言語学の一領域として意味論という研究領域がある。意味論を外国語教育に応用するという目的で，教育言語学の下位領域として，意味論に基づく学習文法を構築するための基盤となる教育意味論を仮定したい。

英語学習について言えば，教育意味論の下位領域として教育英語意味論の存在意義が確立される。具体的には，この教育英語意味論が学習英文法を構築する際の基盤となる。教育英語意味論の基本的特徴は，英語表現の意味をじっくり考えるとともに，混沌とした文法・語法現象の中に規則性を見いだしていく姿勢にある。外国語学習が，新しい思考回路を体験する場を提供してくれ

るという視点にも留意すべきである。

　英語学習についても同様である。教育英語意味論に基づく学習英文法の体系を論ずる前に，まず，教育英語意味論の考え方の基本を把握しておく必要がある。本章では，英語表現の意味と形の対応関係を浮き彫りにしてくれる文法・語法現象（honestly と increase をめぐる文法・語法現象）を取り上げ，それらをどのように検討していくのか，その思考事例を提示した。このような意味論的思考を通して新たな思考パターンを体験することが大切である。この作業が，意味論に基づく学習英文法の体系を考える出発点となる。

第2章　英語意味論に基づく学習英文法

1. はじめに

　国際化・グローバル化の時代の中で外国語教育のあり方について再検討が求められている。現在，さまざまな資格試験の実施も盛んになっており，それに伴って，個別化された外国語教育論が広く展開されている。このような状況に埋没することなく，再度，外国語教育のあり方を問い，それについて本質的な議論を展開していくことが大切である。

　外国語教育でしばしば議論の対象となる論点として文法学習の必要性にかかわる議論がある。英語に限らず，どの言語においても，言語表現には形の側面と意味の側面とがある。言語表現の形の側面に目を向けると，たとえば，語の配列が問題となる。言語表現はさまざまな種類の構成要素から成り，それらが一定の規則に従って配列されている。このような特質を持った言語表現は，情報の伝達という重要な役割を担っている。この情報の伝達という機能は，言語表現の意味を基盤として実行される。これが言語

表現の意味の側面である。文法とは，言語表現の意味と形を結び付ける仕組みを詳細に記述・説明したものと考えることができる。この論点を踏まえたうえで，外国語教育をめぐるさまざまな問題を考察していく必要がある。

　外国語学習に文法学習は不要であるという議論もあるが，第1章でも論じたように，ある言語を外国語として運用していく際に，私たちは，その言語を母語とする人々が母語について持っている言語直観を利用することができないという明白な現実がある。そういう言語直観に代わる仕組みが必要となる。この目的を果たすのが学習文法である。まず，この基本的な前提を認識する必要がある。しかし，外国語学習において，抽象的な文法規則を覚えているだけでは，言語の好ましい運用には結び付いていかない。外国語学習の過程で，さまざまな言語表現を，文法規則を介在させずに，直接的に覚え込むことも必要となる（以下，「直接的学習」と呼ぶ）。ここで，二つの論点が浮き彫りにされてくる。第一の論点は，ここで言う「言語直観に代わる文法」としてどのような種類の文法が可能なのかという問題である。第二の論点は，直接的学習の対象となる学習領域は何かという問題である。いずれの論点も，理論的・実証的に考察していかなければならない。

　外国語学習の体系の中で，意識的な文法学習と直接的な学習をどのようにバランスよく組み合わせていくのかが大きな課題となる。本章では，教育英語意味論を前提として，言語の表現機能を重視する立場から，学習文法の〈表現文法〉としての性格について論ずる。

2. 〈表現文法〉としての学習文法

　言語の最も重要な機能の一つは，言語表現による情報の伝達である。つまり，言語表現を用いて，意図した意味を伝えることである。このことは，以下の引用にも見られるように，さまざまな種類の言語表現についてその形の側面と意味の側面とを結び付けている仕組みを体系的に記述・説明することが言語学の基本的な課題の一つとなっていることにも反映されている。

> It is not difficult to sense the complexity of language structure, but it is not so easy to say how many levels should be set up in order to explain the way this structure is organized. Some simple models of language recognize only two basic levels; the set of physical *forms* (sounds, letters, signs, words) contained in a language, and the range of abstract *meanings* conveyed by these forms.
>
> (Crystal (1987: 82))

（言語構造の複雑さを認識するのは難しいことではないが，言語構造の仕組みを説明するのにいくつのレベルを設定したらよいのかを決めるのはそれほど簡単なことではない。簡素な言語モデルの中には基本レベルが二つだけしか認められていないものもある。言語に含まれる物理的な「形」（音，文字，記号，語）の集合とこれらの形によって伝達される抽象的な「意味」の領域である。）

言語の構造は極めて複雑であるが，この複雑な構造の本質を明らかにするためには，まず，言語表現の形の側面と意味の側面，さらに，それらの関係に注目する必要があることは明らかだと思わ

れる。

　言語表現の種類としては，語，句，文などが考えられる。文という言語表現に注目すると，文はさまざまな種類の構成要素から成る。この構成要素は一定の統語規則に従って配列され構造化されている。しばしば指摘されるように，この形の側面が意味の側面に大きく依存している事例が多く存在する（武田 (1989) を参照）。このような事例にも配慮し，本書では，学習文法の構成を以下のように特徴付けてみたい。

学習文法は，その構成部門として，意味文法と表現ファイルを持つと仮定する。ここでは，学習文法の構成が，「言語表現は形の側面と意味の側面を持ち，その対応関係を明示的に記述・説明した体系が文法である」という言語分析の原点と表現行為を重視する立場から組み立てられている。この図式のもとで，特に英語の学習文法を想定して議論を進めていきたい。この見方は，教育英語意味論の考え方に合致するものである。

　英語の意味文法は，英語表現の意味と用法を意味論的な視点から記述・説明した体系である。この文法は，さまざまな英語表現にかかわる形と意味の対応関係に関する意味論研究の成果を踏まえたものでなければならない。意味文法は，抽象的な文法規則を列挙したものではなく，英語の多様な文法・語法現象を意味とのかかわりで解説してくれる説明的な文法でなければならない。ここで言う「説明的」とは，「英語を母語とする人々が英語について

持っている言語直観に対応する仕組みを明示的に提供してくれる」という意味である。これは，表現文法を強く意識した学習文法の構築にも寄与するものである。表現行為を行うためには，表現対象の綿密な分析が必要となる。これは意味論の基本的な姿勢につながるものである。意味論に基づく学習文法は，表現文法の趣旨を実現させる大きな手段となる可能性がある。

　以下，英語の文法・語法現象をいくつか取り上げ，それらを説明する意味文法のサンプルを提示してみたい。ここでは，特に，伝統文法においてしばしば取り上げられる文法・語法現象，具体的には，文型，受動文，現在完了進行形，前置詞と同形の副詞にかかわる問題について考察する。その際，文法と現実の英語とのかかわりを明確にするために，できる限り実証的な視点を重視していきたい。

　文型はしばしば「動詞の型」として特徴付けられるが，この動詞型は，「状況パターン」という意味領域と関連してくる。文型は，これまで，構造上の類型，つまり，形の側面のパターンとして学習の対象となる傾向があったと思われる。いわゆる「英語の5文型」として，文法の基礎項目となっている。この考え方では，すべての英語表現を説明できないことは，明らかであると思われる。ここでは，意味論の視点から文型という概念を再考してみたい。

　文型を状況パターンの反映と考えると，一般に，状況は，（モノとしての）参与者，参与者間の関係，参与者の属性，背景（時，場所など）などの意味概念によって特徴付けられる。こう考えることによって，文型という概念が，説明力を持った現実的なものとなる。次の三つの文について考えてみよう。

(1) a. John crumpled the paper and threw it to the floor.
   b. It's raining.
   c. John is very cool.

(1a) の下線部について言うと，John と it (= the paper) が参与者で，threw が両者の関係概念を表す。the floor は〈状況〉の参与者とも考えられるが，to the floor という形で，背景としての場所と行為とのかかわり方を表すとも言える。(1b) に見るように，はっきりとした参与者が存在しない状況もある。さらに，(1c) では，John が参与者で，very cool がその属性を表す。動詞 is は，属性の所有者としての John とその属性を関連付けている。このような状況パターンが動詞の型に反映される。

　状況パターンをさらに具体的かつ現実的なものにする意味領域がある。状況が生ずる時間（現在，過去，未来）と状況の形態（完了，進行など）の組み合わせとして特徴付けられる「状況の時間・形態領域」である。この領域は，動詞の時制と相にかかわる表現によって言語化される。(1a) については，この文によって表される状況の時間指定は〈過去〉である。また，(1b) と (1c) では〈現在〉となる。特に (1b) は〈進行〉という状況形態を持つ。

　このような考え方に従うと，文型とは，状況パターンを言語化したときの基本パターンと考えることができる。この路線に沿って，文型という概念をとらえることによって，言語表現の基本構造を学習上有意義な形で特徴付けることができる。この点で，英語の基本文型は，情報伝達において重要な文法項目となる。つまり，与えられた状況を言語化する際に，まず，その状況パターンを認知し，適切な動詞型に変換することになる。変換の際に重要

なのは，参与者が名詞に，参与者間の関係が動詞にそれぞれ対応して，言語化が進行することである。この状況と言語表現の対応関係を，できる限り自然な形で結び付ける技術を身に付けることが大切となる。この場合，動詞型の数は，当然のことながら，五つに限定されない。

　ここで，やや複雑な状況パターンについて考えてみよう。英語学習の重要な学習項目として受動表現がある。英語の受動文について学習する際には，「能動文と受動文との間の機械的な双方向の変換」を前提とした文法記述は不適切であると思われる。意味文法では，話し手が表現対象としての状況をどのようにとらえた場合に受動文が使われるのかを明確に理解させてくれるような記述が必要となる。

　たとえば，次の英文を観察してみよう。

(2) "And Mervin Selkirk was killed sometime around two or three o'clock, according to the best estimate the police can get at the moment," Drake said.

(Gardner, *The Case of the Deadly Toy*: 110)

(「そして，警察が今できる最高の推定によれば，マーヴィン・セルカークは2時か3時頃に殺害されたのです」とドレイクは言った。)

was killed が受動形であるが，〈殺害する〉(kill) の主体は明示されていない。この主体は発話時において不明だからである。受動文の学習の際には，すでに多くの文法書で指摘されているように，次のような特性を念頭に置いておく必要がある。

受動文では，行為の受け手に話し手（または書き手）の焦点が置かれる。行為者に主たる関心がない場合に，通例，受動文が使われる。具体的には，行為者が不明であったり，重要でない場合，さらに，行為者が人々一般である場合に，好んで使われる。したがって，by ～ は，特別な理由がない限り，省略されることが多い。

英語の意味文法ではこのような記述が必要となる。

　意味文法では言語表現の意味と用法にかかわる情報が重視されるという視点を説明するためのもう一つの具体例として，現在完了進行形について考えてみよう。現在完了進行形を，単に現在完了形と進行形の結合形として考え，「have been doing という形で，過去のある時点から現在に至るまで進行している行為を表す」という説明を与えるだけの文法は不適切であると思われる。現在完了進行形が使われる状況に留意した文法記述が必要となる。Bosewitz (1987) に興味深い記述がある。

Unfinished action: When we want to describe an action which began sometime in the past and we want to make clear that this action is continuing at the present moment (when the speaker is speaking), we use the present perfect continuous.

Recently finished action: When we want to say that an action began in the past and continued until a few moments ago, and we can see the result of the action, we use the present perfect continuous.

(Bosewitz (1987: 147–148))

(未完了の行為: 過去のある時に始まった行為を述べたいとき，そして，この行為が（話し手が発話している）現在も続いていることを明らかにしたいとき，現在完了進行形を用いる。

終了したばかりの行為: ある行為が過去に始まり，少し前まで続いていたことを述べたいと思っていて，その行為の結果が見えるとき，現在完了進行形を用いる。）

つまり，現在完了進行形は，行為が今も続いている状況でも，ちょっと前に終了した状況でも使われる。たとえば，It's been raining. は，水たまりを見て発話することもできるし，ずっと降り続いている雨を目にして発話することもできる。このような使用場面を配慮した用法説明が英語の意味文法では必要となる。

次に，副詞 across の意味と用法について考えてみよう。前置詞と形を共有する副詞は，前置詞の場合と同様に，〈具体的な意味〉から〈抽象的な意味〉へと意味拡張することが知られている。次の例に見る across の意味について考えてみよう。

(3) a. Baylor got up, strode across to the door, held it open.　(Gardner, *The Case of the Foot-Loose Doll*: 99)
（ベイラーは立ち上がって，大股でドアのところまで歩いて行き，ドアを開けた。）

b. Mason passed the photograph across to him, indicated a section with his finger, and said, "Take a look, Paul."

(Gardner, *The Case of the Postponed Murder*: 163)
（メイスンは写真を彼に手渡し，ある場所を指示して，「ポール，ちょっと見てくれ」と言った。）

(4) a.　Mason smiled across at Norda Allison.

(Gardner, *The Case of the Deadly Toy*: 39)

（メイスンは微笑んで視線をノーダ・アリスンに向けた。）

　　b.　Lieutenant Tragg looked across at Esther Dilmeyer, then looked away.

(Gardner, *The Case of the Silent Partner*: 207)

（トラッグ警部補はエスター・ディルマイアーに視線を向けてから目をそらした。）

(5)　I managed to get it across to her that it was the night man that did the work.

(Gardner, *The Case of the Lazy Lover*: 65)

（私はその仕事をするのは夜勤の人であることを彼女になんとかわからせた。）

(3a) と (3b) では，across が〈(人／写真が) 空間を横切って〉というコア的な意味を伝えている。これらの例では，横切る主体が具体物である。一方，(4a) と (4b) では，横切る主体が具体物ではなくなって，〈(笑いの方向／視線が) 空間を横切って〉という意味に拡張している。さらに，(5) では，横切る場が情報伝達の経路としてとらえられ，〈(情報が)「私」の側から「彼女」の側に移動して〉という意味が伝えられている。

　across に見る，コア的な意味からの意味拡張のプロセスは，英語母語話者の言語直観を反映しているように思われる。意味文法はこのような単語の意味拡張を説明できなくてはならない。ここで注意すべき点は，across に観察される意味現象は，across という単語に固有の認知的特性として説明されるということである。

意味文法の助けを借りて明らかにされた across の特徴は，表現ファイルの中に語義の認知的関連性として記載されることになる。このような意味情報の記載はすべての単語について行われ，表現ファイルの「内在的関連性」としての位置付けが与えられる。これにより「内在的体系化」が実現されることになる。

　ここで学習文法の重要な構成部門の一つである表現ファイルについて議論を進めていきたい。英語の表現ファイルは英語表現の集合で，そこには英語という言語を構成するさまざまな語，句，文について，形と意味の対応関係にかかわる情報が記載されている。表現ファイルでは，英語表現が恣意的に列挙されているのではなく，一定の体系の中に組み込まれている。この体系について特に問題としたいのは「外在的関連性」である。複数の英語表現の間に存在するさまざまな「関連性」は「外在的関連性」として特徴付けられ，「外在的体系化」を実現する。このような体系化は，言語表現の総合的な体系化の実現に大きく寄与することになる。ここで特に問題としたいのは，以下の二つの関連性である。

（i）　概念に基づく関連性
（ii）　状況に基づく関連性

　（i）の「概念に基づく関連性」を，語という言語表現を例として考えてみよう。多様な意味領域を分類・整理する作業は極めて難しいが，たとえば，〈損傷〉〈破壊〉などは，その一部を形成する。この意味領域を占める英語の語としては次のようなものがある。

　〈損傷〉という概念にかかわる語彙グループ
　　　damage, harm, hurt, injure, impair, etc.

〈破壊〉という概念にかかわる語彙グループ

   smash, crush, shatter, crack, chip, etc.

ここで挙げられている語は，それぞれのグループの中で関連性を持ちながら語彙体系の一部を形成し，以下の例に見るように，さまざまな状況でそれぞれの個性を生かしながら使用される。

(6) Obviously his plane had been damaged at the same time as the Spitfire in the collision.

           (Dahl, *The Collected Short Stories of Roald Dahl*: 206)

（明らかに，彼の飛行機はその衝突でスピットファイア戦闘機と同時に損傷を受けていた。）

(7) The stories on the TV news were just as depressing. In rural Kentucky, three men threw pieces of a tombstone off a bridge, smashing the windshield of a passing car, ...

           (Albom, *Tuesdays with Morrie*: 130)

（テレビのニュース放送の報道は同じように憂鬱なものだった。ケンタッキーの田舎で，三人の男が墓石のかけらを橋から投げ，通り過ぎようとしていた車のフロントガラスを粉々にしてしまって ....）

文という言語表現についても同様な考え方が成立する。Matreyek (1983b) では，さまざまな意味概念がどのような英語表現で言語化されるのかを興味深い方法で記述している。たとえば，〈分類〉という概念によって体系化される言語表現として，以下のような表現が挙げられている。

〈分類〉という概念にかかわる文表現グループ

What kind of personality does Joan have?

What sort of music do you like?

What type of car are you going to buy?

(Matreyek (1983b: 56))

これらの文表現は実際の発話場面でさまざまな形で使用され，言語運用の中で重要な役割を演ずる。

(8) a. What kind of an impression does she make, Paul?

(Gardner, *The Case of the Terrified Typist*: 66)

（彼女はどんな印象ですか，ポール？）

b. "But, my love, you admitted you were there," Caddo said.

"Well, he's juggling things around so that it makes it appear that the murder was committed right at the time I was there .... What kind of monkey business is this, anyway?"

(Gardner, *The Case of the Lonely Heiress*: 145)

（「でも，ねえ，君は自分がそこにいたと認めたじゃないか」とカドーが言った。

「いや，彼は策略をめぐらして，私がちょうどあそこにいたときに殺人が起こったとみせかけてるのよ .... それにしても，何という悪ふざけなの？」）

What kind of ...? という〈分類〉概念を表す表現が，(8a) では文字通りの意味で，(8b) では拡張した意味で，それぞれ使われてい

る。拡張的な意味を持った文表現が表現ファイルの中でどのような位置付けを与えられるべきなのかは今後の課題である。多義語の場合と同じ形で説明される可能性も考えられる。

さらに，(ii)の「状況に基づく関連性」についてもさまざまなグループ化が可能となる。たとえば，〈キッチン〉〈研究室〉という状況に組み込まれる語に注目すると，次のような語彙のグループ化が可能となる。

〈キッチン〉という状況
　　fridge, tap, sink, dishwasher, cupboard, food mixer, etc.
〈研究室〉という状況
　　computer, monitor, keyboard, desk, files, filing cabinet, etc.

これらのグループ化した語は，言語運用のさまざまな状況で重要な道具となる。言語使用者は，体系的に整理された語彙集合の中から自らの目的に合致した語を自由に抽出し，使用することになる。当然のことながら，使用される状況は，抽出された語がグループ化された際に基準となった状況に限定されることはない。このような語のグループ化は，言語使用者それぞれの生活環境に依存している。(9) の the fridge は〈キッチン〉という状況と関連付けられていると思われるが，(10) の computers は〈研究室〉という状況に関連付けられているわけではない。

(9) While Mary was paying the baby-sitter, I went to the fridge and found a piece of Canadian cheddar.

(Dahl, *The Collected Short Stories of Roald Dahl*: 382)

（メアリーがベビーシッターに支払いをしている間，冷蔵庫を見てみると，カナディアンチェダーチーズの切れ端があった。）

(10) I was thirty-seven, more efficient than in college, tied to <u>computers</u> and modems and cell phones.

(Albom, *Tuesdays with Morrie*: 34)

（私は37歳で，大学時代よりも効率的になっていて，コンピュータやら，モデムやら，携帯電話に頼りきった生活であった。）

文という言語表現に注目しても同様な議論が成り立つ。たとえば，〈銀行〉という状況には，以下のような英語表現がかかわってくるが，このような文表現も英語の〈表現ファイル〉の中で体系的に組み込まれることになる。

〈銀行〉という概念にかかわる文表現グループ
 I want to buy some traveler's checks.
 I want to deposit this check into my checking account.
 I want to withdraw some money from my savings account.

(Matreyek (1983c: 113))

これらの文表現は，現実の複雑な発話環境の中でさまざまな形で使用される。発話状況によっては形を変えることもある。このような変形は意味文法で扱われることになるが，どのような状況に置かれても的確な言語処理を行えるようにしておかなければならない。

(11) Mildred went at once to the bank. She cashed the pay

check she had received the day before, <u>drew out every penny of her savings account</u>, returned to her apartment, bathed, put on her newest traveling outfit.

(Gardner, *The Case of the Foot-Loose Doll*: 4)
（ミルドレッドはすぐに銀行に向かった。彼女は，前日に受け取った給与小切手を現金にして，預金口座から1セントも残さずお金を引き出し，アパートに戻り，入浴を済ませ，一番新しい旅行用の服を身につけた。）

(11) における下線部については，上掲の I want to withdraw some money from my savings account という文表現の変異表現として位置付けることも可能である。

　以上，「概念に基づく関連性」と「状況に基づく関連性」に注目しながら，表現ファイルの体系について考察してきた。今後の課題として，意味領域を〈概念〉〈状況〉の視点から分類し，それぞれの領域で使用される言語表現をリスト化する必要がある。ここで概観したような事例は，すでにさまざまな英語教材に散見されるが，この作業をさらに現実的なものにするには，さまざまな言語使用者の言語生活を詳細に調査する必要もあるし，言語学習者の母語と外国語の比較研究，言語表現の意味分析など，さまざまな領域で着実な基礎研究が必要となるだろう。

　ここで注目したいのは，学習文法を構成する二部門である意味文法と表現ファイルとの密接なかかわりである。言語表現は，さまざまな文法規則によって運用される。このことを考えれば，二つの部門の密接な関係は当然のことである。一例を挙げると，英語の助動詞のリストは表現ファイルの中で取り扱われることにな

るが,そのさまざまな意味と用法の説明は意味文法で行われることになる。たとえば,could には〈丁寧〉を表す用法があり,Could you do ...?, Could I do ...? などの表現形式で使われ,〈依頼〉〈許可〉などの機能を持つ。

(12) a.　Could you give me a ride?　〈依頼〉
　　 b.　Could I look at your car?　〈許可〉

〈丁寧〉〈依頼〉〈許可〉などの意味概念は意味文法で取り扱われることになるが,Could you do ...?, Could I do ...? などの表現形式は,文を扱う英語の表現ファイルに記載されることになる。これらの表現形式は,他の表現形式とも結び付いて,生きた言語運用の中でその力を発揮する。

(13)　'Could you come to the door with us — just open the door and let us just look inside without touching anything?'
　　　'What are you looking for?'

(Gardner, *The Case of the Amorous Aunt*: 114)

(「私たちと一緒にドアのところまで来てもらえますか? ドアを開けて,何も触らないので私たちに中を見せてくれるだけでいいんだ」

「何を探しているだ?」)

(14)　"Could I just see Pamela now, sir? I won't cause any problems, but I've waited a long time to talk to her."
　　　"Come inside. She's in the living room. You have one hour."　(Grimwood, *Replay*: 187)

(「パメラにお会いできますか？　厄介ごとの原因にはなりたく
　　ないんですが，彼女と話をするのにもう長いこと待たされてい
　　ます」
　「入ってください。彼女は居間にいます。1時間ですよ」)

このように，助動詞という語は，意味文法と表現ファイルが密接
にかかわる言語表現と言える。

　助動詞に限らず，さまざまな言語表現について，意味文法と表
現ファイルの密接な関係が観察される。この密接な関係，さら
に，それぞれの部門内部の体系性によって，言語の豊かな表現体
系が形成されると考えることができる。外国語教育の方法を豊か
なものにするには，この枠組みを前提とし，実証的・理論的な考
察を積み重ねていかなければならない。

3. おわりに

　本章では，現代英語からの具体的な資料を利用しながら，教育
英語意味論の視点から学習英文法の下位部門としての意味文法と
表現ファイルの意義と役割について議論を進めてきた。意味文法
は，当該の言語を母語とする人々が母語について持っている言語
直観の代用となる「説明的な文法」と特徴付けることができる。
表現ファイルは，言語表現の体系化された集合で，外国語学習に
おいて直接的学習の対象となる言語表現を体系的に集めたファイ
ルである。ファイルに記載される言語表現としては，語，句，文
などさまざまな種類の表現形式がある。意味文法においても，表
現ファイルにおいても，根底には，「言語という仕組みは，常に，

言語表現の意味と形の対応としてとらえることができる」という重要な論点がある。意味文法と表現ファイルは，学習英文法の中で互いに関連性を保持している。たとえば，英語の前置詞の学習は双方向的で，その意味と用法の学習については直接的学習の対象となり，表現ファイルとかかわりを持つことになるが，コア的な意味からさまざまな意味へと意味が拡張していく過程を学習対象とすれば，意味文法とかかわりを持つことになる。

　本章で提案した学習文法は「言語表現の意味と形を結び付けている仕組み」を説明したもので，抽象的な規則を列挙したものではない。英語について言うと，英語表現が伝えている意味を理解したり，意味を伝達するための英語表現を組み立てたりする際に役立つ道具となるものが英語の学習文法である。概略的に言えば，この「英語表現から意味へ」「意味から英語表現へ」という双方向の言語操作に，意味文法と表現ファイルが大きな役割を演ずることになる。具体的には，意味文法の知識を利用したうえで，表現ファイルから具体的な英語表現を抽出したり，英語表現の意味を求めたりすることになる。つまり，ここで言う学習文法の体系は外国語を運用するための基盤モデルとなる。

　このような体系を持つ学習文法を英語について組み立てるには，英語表現の意味と用法に関する綿密な基礎研究が必要となる。その際，日本語母語話者の英語学習について言えば，英語と日本語とのかかわりも基礎研究の対象となる。この研究過程で，言語表現の意味の側面においては，両言語の間に英語意味文法の構築にとって有意義な類似性・関連性が発見されるかもしれない。さらに，語の表現ファイルとのかかわりでは，「内在的関連性」（個々の語が持つさまざまな意味の関連性）と「外在的関連

性」(複数の語の間に成立する意味の関連性)に対して有意義な知見が明らかになるかもしれない。今後，英語表現の意味にかかわる綿密で広範な基礎研究を基盤として，学習英文法について理論的・実証的な研究を積み重ねていくことが必要である。

第3章　英語意味文法の思考基盤を考える

1. はじめに

　いかなる言語においても，言語表現には形の側面と意味の側面とがある。言語表現はさまざまな種類の構成要素から成り，それらが一定の規則に従って配列されている。このような特性を持つ言語表現の一つ一つが，個有の意味を担っている。言語表現の形と意味を結び付けている仕組みを明示的に記述・説明したものが「文法」である。この図式を前提とし，さらに，言語使用者が，意味形成の基盤となる状況や概念をどのようにとらえているのか，その認知方式が言語の運用に大きくかかわっているという論点を重視すれば，意味と認知に留意した文法の可能性が示唆される。

　第2章において，外国語学習とのかかわりで学習文法の体系をめぐる問題について予備的な議論を行った。外国語を運用する際に，私たちは，その言語を母語とする人々が母語について持っている言語直観を利用することができないという明白な現実がある。そういう言語直観に代わる仕組みが必要となる。この目的を

第3章 英語意味文法の思考基盤を考える　37

果たすのが学習文法の役割であると考え，意味論に指向した学習文法の体系について論じた。その議論において，学習文法は，概略，以下のような下位部門を備えた文法体系であると述べた。

学習文法とは，外国語学習のために，「言語表現は形の側面と意味の側面とを持ち，その対応関係を明示的に記述・説明した体系が文法である」という立場から組み立てられた文法である。学習文法は，その構成部門として，意味文法と表現ファイルを持つと考える。表現ファイルは，さまざまな言語表現（語，句，文など）の意味情報を整理・記載したファイルで，意味文法を運用する際の重要な道具となる。

　本章では，意味論に基づいた学習文法の重要な下位部門となる意味文法の方法について論ずる。ここでの目的は，意味文法の体系に関する理論的な議論を展開することではなく，意味文法の思考原理を明らかにすることである。つまり，言語表現のどのような側面をどのように分析していくのが外国語学習において有意義であるのか，という論点を明らかにすることである。その際，意味の二つの側面に注目してみたい。

　第一の側面は，状況，概念が客観的にとらえられた側面である。これは，動詞概念を中心に状況をとらえる側面である。第二の側面は，状況，概念が主観的にとらえられた側面である。これは，言語使用者の認知方式が反映される側面である。本章では，このような点に留意しながら，特に英語という言語を理解するには英

語表現のどのような部分に注目し，それをどのように分析していけばよいのか，その思考方法を概観してみたい。

2. 意味文法の方法

英語の意味文法は，英語表現の意味と用法を意味論的な視点から記述・説明した体系である。つまり，英語表現による表現行為の対象となるさまざまな状況・概念を分析した結果を反映した文法である。このような文法を構築するためには，さまざまな英語表現にかかわる形と意味の対応関係に関する意味論研究の成果を利用することになる。大切なのは，意味文法は，表現の形だけにかかわる抽象的な文法規則を列挙したものではなく，英語の多様な文法・語法現象を意味とのかかわりで解説してくれる「説明的な」文法として特徴付けられるという視点である。

本節では，英語の具体的な文法・語法現象を観察しながら，意味文法の思考方式を概観してみたい。議論の流れとして，言語使用者の認知処理の方式に注目すると同時に，認知の対象となる状況の構造にも目を向ける必要がある。このような論点に留意すれば，言語表現の意味と用法を「意味論的に」考察するには，主として，次の九つの意味領域に注目し，思考を展開していくのが有効であると思われる。

〈領域1〉　状況パターン—基本タイプ
〈領域2〉　状況構成要素
〈領域3〉　状況の時間と形態
〈領域4〉　特徴・背景の記述

第 3 章　英語意味文法の思考基盤を考える

〈領域 5〉　状況のカプセル化
〈領域 6〉　状況パターン―展開タイプ
〈領域 7〉　感情・判断の表出
〈領域 8〉　情報の提示パターン
〈領域 9〉　状況間の関係

　〈領域 1〉（状況パターン―基本タイプ）は，言語表現が表す状況の基本パターンを扱う。この領域は，伝統的な用語に従えば，文型記述として処理されることになる。文型はしばしば「動詞の型」として特徴付けられるが，第 2 章で述べたように，この動詞の型が「状況パターン」という意味領域に関連してくることは明白である。文型は統語構造の類型としての意味を持つのではなく，状況パターンの類型としての意味を持つことを認識することが大切である。状況パターンには，ここで論ずる基本タイプに加えて，後述する展開タイプがある。

　基本タイプは，実質的には，動詞の型に反映した状況パターンの中でも最も基本的なパターンと見なすことができるが，大別して，少なくとも二つのパターンがある。第一のパターンは，対象の特性記述であり，第二のパターンは，対象間の関係記述である。

　たとえば，以下の例は，後述する「状況の時間と形態」の領域を除けば，状況パターンの基本形を示す。

(1)　John's face was thoughtful.
(2) a.　John stood in the doorway of his office.
　　b.　I received a letter from his father.
　　c.　Mary gave John a ten-dollar bill.

(1) はジョンの顔 (John's face) についてその特性を記述している。この場合，状況を構成している対象は，基本的には，ジョンの顔だけである。一方，(2) の一連の文では，複数個の対象が状況の構成に関与している。(2a) は，概略的に言えば，ジョン (John) とオフィスの戸口 (the doorway of his office) との相対的な位置関係を述べたものであるが，この関係は動詞 stood によって特徴付けられている。(2b) は，話し手，手紙 (a letter)，そして父親 (his father) という三つの対象間に成立する関係を述べているが，この関係は動詞 received によって特徴付けられている。(2c) は，メアリー (Mary)，ジョン (John)，そして 10 ドル紙幣 (a ten-dollar bill) という三つの対象間に成立する関係を記述しているが，この関係は gave という動詞によって特徴付けられている。

ここで，二つの点に注目する必要がある。第一の注目点として，ここで問題としている動詞の型は，必ずしも，伝統的な「5 文型」の議論とは直接的な関連を持たないという判断がある。(1) は「S + V + C」であり，(2a), (2b), (2c) は，それぞれ，「S + V」「S + V + O」「S + V + O + O」となる。以下の (3) は，もう一つの文型である「S + V + O + C」の例である。

(3) John kicked the door shut. [S + V + O + C]

この例では，ジョン (John) とドア (the door) という二つの対象間の関係が動詞 kicked によって特徴付けられている。蹴る (kick) という行為の結果として蹴られた対象の状況変化が予想されるが，この状況変化も文型の一部として表現されている。

第二の注目点は，(2a), (2b), (2c) は，すでに述べたような動

詞型に反映された状況パターンを表していると同時に，特定の対象に関する特性記述ともなっているという点である。これらの文は，それぞれ，ジョン，話し手，メアリーに関する特性記述としての解釈も持つ。つまり，過去の状態や行為が，主語として表された主体が持つ特性として記述されている。このような特性記述の解釈は，(1) のような表現形式が「認知の圧力」として機能し，それによって生じたものと考えられる。これは，言語操作に観察される一般的な認知処理方式の特徴の一つと考えることができる（関連する議論は第6章でも行う）。

文型を状況パターンの反映と考えると，状況は，一般に，（モノとしての）参与者，参与者間の関係，参与者の属性，背景（時，場所など）などの意味概念によって特徴付けられる。これらの意味概念が〈領域2〉（状況構成要素）で扱われる。具体的には，さまざまな参与者を表現する名詞，参与者の特徴を扱う形容詞，行為と状態を扱う動詞（およびそれを補助する助動詞），参与者間の関係を扱ったり，参与者と行為・状態との関係を扱ったりする前置詞などの表現とそれらにかかわる言語現象が扱われる。

参与者とは，状況に参加している対象で，(1) におけるジョンの顔，(2a) におけるジョン，オフィスの戸口，(2b) における話し手，手紙，父親，(2c) におけるメアリー，ジョン，10 ドル紙幣などである。これらの対象にかかわる言語表現は名詞表現としてこの〈領域2〉で扱われる。この領域で扱われる言語表現としては，このほかに，動詞がある。動詞は，参与者間の関係にかかわる。さらに，参与者の持つ属性にかかわる言語表現が，形容詞，述語名詞などとして，この領域で扱われることになる。

特に名詞領域では，たとえば，名詞にかかわるさまざまな多義

性などの現象も取り扱われる。次の例における cloud の用法に注目したい。

(4) a. The rain had ceased, and the moon was breaking through the clouds.

(Gardner, *The Case of the Velvet Claws*: 77)

(雨はすでにやんでいて、月が雲間から顔を出そうとしていた。)

b. "That's right," Mason observed, calmly exhaling a cloud of cigarette smoke.

(Gardner, *The Case of the Rolling Bones*: 185)

(メイスンは落ち着いた様子でたばこの煙をもうもうと吐き出しながら、「その通り」と言った。)

cloud という名詞は、(4a) では「雲」そのものを、(4b) では「雲状のもの」を、それぞれ表す。さらに、動詞領域については、状態動詞と非状態動詞の対立、さらに句動詞などが扱われる。次の例を検討してみよう。

(5) a. He threw his coat on the sofa.
b. I don't believe her story.
c. He managed to come up with the right answer.

(5a) は行為型の状況であり、(5b) は状態型の状況である。(5c) における come up with は句動詞として、動詞一般と同様に、状況のパターン構成に中心的な役割を演ずる。

〈領域3〉(状況の時間と形態) は、状況が生ずる時間 (現在、過去、未来) と状況の形態 (完了、進行など) の組み合わせを取り

扱う。具体的には，現在完了形，現在完了進行形，受動形，過去完了形，過去完了進行形，未来完了形，未来進行形，受動進行形などを扱う。状況パターンをさらに具体的かつ現実的なものにする意味領域である。この領域にかかわる表現形式としては，動詞の時制マーカー，アスペクト表現，助動詞などがある。(6a) は過去の状況を，(6b) は過去の進行中の行為を表す。

(6) a. I bought a rather expensive camera.
　　b. He was reading a book behind the desk.

(6a) では時制が，(6b) では時制と進行相が，それぞれ，状況の具体化に関与している。未来完了のような複雑な状況タイプもこの領域で取り扱うことになる。次の例では，by that time という時の表現との連携によって，未来完了という複合的な状況パターンが述べられている。

(7) 'And by that time,' Mason said, 'we will have advised her to say nothing to anyone.'

　　　　　　　　　　(Gardner, *The Case of the Amorous Aunt*: 111)

　　（「それと，その時までに，我々は彼女に誰にも何も言わないようにと助言しておくつもりだ」とメイスン言った。）

〈領域4〉（特徴・背景の記述）は，参与者の特徴と背景に関する情報を提供する意味領域で，具体的には，現在分詞と過去分詞の形容詞的用法，関係代名詞（who, that, which），関係副詞（when, why, where, how）などの言語形式が関与する。典型的な参与者は名詞によって表されるが，参与者に関する情報を記述的に提供するのが「特徴・背景記述」である。これらの表現は，〈領域2〉

に見る「形容詞＋名詞」のパターンが認知の圧力として機能するが，その背後には，〈領域1〉で見たような特性記述が存在する。〈領域1〉，〈領域2〉，〈領域4〉という三つの領域間で認知の圧力が連鎖的に機能している。

　次の例に見る分詞節（下線部）は，そのような事例の一例として位置付けることが可能である（関連する議論として第7章を参照）。

(8) Della Street, <u>sitting across the desk from the lawyer</u>, correctly interpreted the expression on Mason's face.

(Gardner, *The Case of the Terrified Typist*: 1)

（デラ・ストリートは，机を隔てて弁護士メイスンの向かい側に腰を下ろしていたが，メイスンの顔の表情から彼の意図を的確に読み取った。）

この形容的分詞節は，デラ・ストリート（Della Street）についての特徴・背景記述となっている。

〈領域5〉（状況のカプセル化）は，状況を表す言語表現を別の状況に参与者として組み入れるためのプロセスである。具体的には，動名詞（受動形，完了形，否定形），（名詞的）不定詞（受動形，完了形，否定形），同格の that などが典型例としてかかわってくる。状況はモノ化し，名詞表現として文構造の中で参与者として機能する。これが〈状況のカプセル化〉である。

(9a) の不定詞 to know just exactly what happened，(9b) の動名詞 raising his voice は，状況のカプセル化の好例である。

(9) a. It's important to know just exactly what happened.

b.　He continued to speak without raising his voice.

さらに，次の (10a) と (10b) の下線部は，文表現がカプセル化し，名詞句として機能している事例である．

(10) a.　She asked if I wanted an original and three carbons. I said <u>that we only used an original and two for stuff that was going to the printer</u>.

　　　　　　　　　(Gardner, *The Case of the Terrified Typist*: 7)
　　　　（彼女は私がオリジナルとコピー 3 枚を必要としているのかと尋ねました．私は，オリジナルと印刷所に渡すコピー 2 枚使うだけだと言いました．）

　　b.　Perhaps you'd better call up and verify <u>the fact that she's there</u>.

　　　　　　　　　(Gardner, *The Case of the Silent Partner*: 166)
　　　　（電話をして，彼女がそこにいるという事実を確かめたほうがいいのではないでしょうか．）

(10a) の下線部では，that によってカプセル化が標示されている．また，(10b) の下線部は，that によってカプセル化した状況に fact がラベルとして付帯した現象と考えることができる．このような fact の存在は，状況のカプセル化を裏付ける現象でもある（関連する議論として第 8 章を参照のこと）．

　ここで注目したいのは，関係代名詞が〈領域 4〉だけでなく〈領域 5〉にもかかわってくる可能性があるという点である．〈領域 4〉に見る関係代名詞の特性記述の用法は，〈領域 5〉のカプセル化とは極めて類似した認知作用に基づいていると思われる．どち

らについても，認知の集束化が起こっている。たとえば，関係詞を含んだ the car that was parked in the driveway という名詞表現は，〈A CAR WAS PARKED IN THE DRIVEWAY〉という状況を材料として〈A CAR〉の特徴付けを行っていると考えることができる。つまり，車を特定化するためにその車がかかわっている状況を持ち出したと考えることができる。この場合，状況構成要素の〈A CAR〉に向かって認知の集束化が起こったと言える。言語表現上は，状況を表す文表現が名詞表現に変換されたことを意味する。この過程はカプセル化と同等のものと考えることもできる。状況から〈A CAR〉を除いた部分は，形容詞表現として言語化されることになる。この過程が進行する際に，「形容詞＋名詞」という単純特性記述が認知の圧力となっていることにも留意すべきであろう（詳しくは武田（2000, 2002）を参照）。

〈領域6〉（状況パターン—展開タイプ）は，SVC としての「S＋be＋whether などで始まる節」，さらに，The fact is that ..., This is because ... などの特殊構文が扱われる。また，別の状況パターンを組み入れた使役構文，知覚構文なども取り扱われる。また，「It is＋形容詞／名詞＋that ...」「It is＋名詞／形容詞＋whether などで始まる節」「It is＋形容詞＋of ～＋to 不定詞」「動詞＋it＋名詞／形容詞＋to 不定詞」「S＋seem＋to 不定詞」「It seems＋that ...」「wish＋X＋動詞の単純過去形」「wish＋X＋動詞の過去完了形」なども取り扱われる。さらに，付帯状況の with なども取り扱いの対象となる。これらの表現形式は，カプセル化などによって生じた状況が基本タイプの状況パターンに組み入れられた複合的状況パターンを表現対象とする。

次の例はこの一例である。動詞の ing 形に注目する必要があ

る。

(11) a. I saw him studying the photograph.
  b. He stared at me with his lips tightening.

(11a) では，視覚対象が him studying the photograph というカプセル表現によって言語化されている。また，(11b) では，his lips tightening がカプセル化した付帯状況を表している。(11a) では see X が，(11b) では with X が，それぞれ認知の圧力として機能している。

　言語活動の当然の結果として，話し手の判断の表出がある。つまり，文命題についてのさまざまな判断を表す表現形式がある。これが，〈領域7〉(感情・判断の表出) で取り扱う領域である。次の文における挿入表現 I think，文副詞の fortunately などはその典型例である。

(12) a. John is very happy, I think.
  b. I had a compact in my handbag and fortunately I had a very small tube of cream that I use to keep my skin soft when the weather is hot and dry.

　　　　(Gardner, *The Case of the Lucky Loser*: 75)
(ハンドバッグにコンパクトを持っていたのですが，運よく，暑くて乾燥した天候のときに肌をしっとりとさせるのに使うとても小さなチューブ入りのクリームが入っていました。)

(12a) の I think は，挿入表現として，断定の度合いに関する話し手の判断を表し，(12b) の fortunately は，それに続く記述につい

ての話し手の価値判断を表す。挿入表現を含めて，文副詞表現はこの領域の代表的な表現形式である。

　ここで，〈領域2〉と〈領域3〉で言及した助動詞表現（たとえば，未来を表すwill など）にも，判断の表出にかかわる機能があることに注意する必要がある。たとえば，There may be a little trouble. という文における may は話し手の推測判断を表す。may は文を構成する一つの単語に過ぎないが，文全体が表す状況に〈推測〉という判断を加えている。これは，文の中核を成す動詞に付帯することで，文全体に影響を及ぼしている興味深い事例と言える。

　〈領域8〉（情報の提示パターン）は，話し手の視点にかかわる意味領域である。つまり，情報をどのように伝達するか，その方法にかかわる現象を取り扱う。関係代名詞と関係副詞の非制限用法が一つの例となる。このような関係詞に導かれた節は追加的・補足的な情報を表す。

(13) He turned to Perry Mason, who seemed as calmly serene as if nothing had happened.

(Gardner, *The Case of the Deadly Toy*: 196)

(彼はペリー・メイスンのほうに顔を向けた。メイスンは，何事もなかったように穏やかで落ち着いているようだった。)

(13)では，who によって導かれた関係詞節はペリー・メイスン (Perry Mason) についての追加的な情報を伝えている。

　さらに，「It is ～ that [who] ...」という分裂文も〈領域8〉で取り扱われることになる。次の例は，その典型例である。

(14) It was Miss Wickford who broke the silence with a little laugh.　　(Gardner, *The Case of the Empty Tin*: 156)
（わずかな笑いで沈黙を破ったのはウイックフォードさんだった。）

この例は，(15) が表す状況と同一の状況を表しているが，状況構成要素に対する視点の置かれ方が異なる。つまり，話し手がどの情報に焦点を当てて発話しているかという点で異なる。

(15) Miss Wickford broke the silence with a little laugh.

(15) はウイックフォードさん（Miss Wickford）についての記述であるが，(14) では，沈黙を笑いで破ったのが誰であるのかという視点が加わり，この参与者の状況への関与に焦点が置かれる形で情報伝達が行われている。

　〈領域9〉（状況間の関係）は，さまざまな状況間の関係を取り扱う。たとえば，条件と帰結の関係を扱う仮定法はこの領域で扱う。さらに，状況間の時間関係，原因・理由と結果の関係など，さまざまな関係を表す分詞構文もこの領域で扱うことになる。主たる状況に別の状況が付帯する場合もある。これは〈関連状況〉として分詞構文などで表される。目的や結果としての状況は不定詞などで表される。また，状況間の関係にかかわる概念（原因，時，理由，並列，対比など）は接続詞によって表される。(16) の第二文は，条件と帰結の結び付きを述べたものである。また，(17) では，文頭の分詞節と主節との間に，出来事の同時性の意味が成立している。

(16) I'm anxious to see Frank Patton.　If he's in there, I'd

like very much to see him.

(Gardner, *The Case of the Lucky Legs*: 44)

(フランク・パットンにぜひ会いたい。彼がそこにいれば，なんとしても彼に会ってみたい。)

(17) Feeling certain she would hear Carl Harrod's voice, Mildred picked up the receiver.

(Gardner, *The Case of the Foot-Loose Doll*: 47)

(カール・ハロッドの声が聞こえてくるだろうと確信して，ミルドレッドは受話器を取った。)

これまでの議論の中で，言語表現がかかわりを持つ九つの意味領域を見てきた。注意すべきことは，これらの意味領域は互いに認知的に関連し合うことがあるという点である。つまり，一つの表現パターンが別の表現パターンの形成に影響を与えることがあるという点である。

最後に，言語表現の意味と認知にかかわる課題を提示しておきたい。〈領域1〉に関する議論の中で触れたように，言語表現の意味については二つの側面がある。第一の側面は，客観的にとらえられた状況を反映したものであり，第二の側面は，状況認知の形態を反映したものである（関連する議論については，Jacobs and Rosenbaum (1971) および山梨 (1995) を参照）。

次の二つの文を比較してみたい。

(18) a. John hit Mary.
   b. John loves Mary.

(18a) は「ジョンがメアリーを殴った」という状況を表しており，

その構成要素はジョン (John) とメアリー (Mary) で，その関係をhitが表している。同じことが (18b) についても言える。構成要素はジョン (John) とメアリー (Mary) で，その関係をlovesが表している。これが，それぞれの文が伝えている基本的な状況内容である。つまり，参加者の存在を確認したうえで，両者の関係が動詞によって表現されている。これとは別に，(18a) はジョンの行為経験を表し，(18b) はジョンの心的内容を表すことにも注目したい。ここでは，主語で表された主体に認知の焦点が置かれ，その経験・心的内容が記述されている。このように，状況の認知については，基本的な状況認知に加えて，主語を基点とした状況認知が存在する。

3. おわりに

本章では，現代英語から選び出した具体的な資料を利用しながら，学習文法の下位部門としての意味文法の体系について議論を進めてきた。英語の意味文法は，英語を母語とする人々が英語について持っている言語直観の代用となる仕組みで，「説明的」でなければならない。つまり，この仕組みは，表現ファイルから抽出された言語表現を組み合わせることによって，情報のやり取りを可能にする。この図式の根底には，「言語という仕組みは，言語表現の形と意味の対応としてとらえることができる」という重要な論点がある。

本章で提案した意味文法は，基本的には，表現ファイルとの連携によって，「言語表現の形と意味を結び付けている仕組み」を説明したもので，抽象的な規則を列挙したものではない。言語表現

による情報交換の根底には，言語使用者の認知行為があるということにも留意する必要がある。英語について言うと，英語の意味文法とは，言語と認知のかかわりにも注意を払いながら英語の表現ファイルと連携して，英語表現が伝えている意味を理解したり，必要な英語表現を組み立てたりする際に利用される仕組みである。この「英語表現から意味へ」「意味から英語表現へ」という双方向の言語操作に，英語意味文法が大きな役割を演ずることになる。

　このような体系を備えた意味文法を英語について組み立てるには，英語表現の意味と用法に関する綿密な基礎研究が必要となる。さらに，日本語を母語とするなら，日本語とのかかわりも基礎研究の対象となる。特に，言語表現の意味の側面においては，日本語と英語との間に英語意味文法の構築にとって有意義な類似性・関連性が発見されるかもしれない。このような基礎研究を踏まえたうえで，英語という言語における形と意味の対応関係を記述，説明していかなければならない。意味文法の構築は，表現ファイルとともに，学習文法を構築するための重要な作業となる。本章で議論した英語の意味文法が取り扱う意味領域は，意味論的な思考のネットワークの中核部分となるばかりか，今後，意味文法を構築していく際の核となるものであり，教育英語意味論の視点から動機付けられたものである。

第4章　英語語彙ファイルの体系を考える

1. はじめに

　言語は，しばしば，無限個の言語表現の集合体と見なされる。それぞれの言語を構成する言語表現は，形の側面と意味の側面とを持つ。この二つの側面を結び付けている仕組みを解明することが，言語学の主たる課題の一つとなっている。第2章でも論じたように，さまざまな言語表現について形と意味の対応関係を記述・説明した「表現ファイル」を仮定すると，この表現ファイルの研究は言語研究の重要な基礎作業となる。ここで言う「言語表現」としては，語，句，文など，さまざまな種類の表現が考えられる。たとえば，語という表現形式に注目すれば，語彙ファイルが研究の対象になり，辞書学などの応用言語学的な研究領域が浮き彫りにされてくる。

　語彙ファイルの研究は，言語研究の動機付けが異なれば，当然のことながら，その方法論も変わってくる。最近の言語研究の方法論は多岐に渡るため，語彙ファイルに対する考え方も，言語研

究のさまざまな領域間で異なってくる可能性がある。本章では，外国語教育という領域に考察の視点を固定し，第2章で提示した議論をさらに展開させ，妥当な語彙ファイルが備えるべき条件について考察してみたい。

　最近の言語研究の進展には目覚ましいものがあり，さまざまな興味深い言語研究の方法論が提案されている。これらの方法論は互いに相容れない部分もあり，興味の方向，価値判断の拠り所もさまざまである。外国語教育との関連で語彙ファイルについて考察する際には，個々の言語理論の妥当性が主たる問題となるのではなく，さまざまな言語研究の成果を適切に融合させていくための方法論が重視されることになる。これは，外国語教育の応用言語学的な性格を考えれば当然のことである。

　言語形式はさまざまな言語間で異なるかもしれないが，意味の側面では有意義な類似性・関連性が見いだされるかもしれない。この意味の側面に目を向け，外国語教育の方法論をめぐる問題を考えることが可能である。最近の意味論研究の視点は多くの点で外国語教育に役立つと考えられる。外国語教育をめぐる問題は，実践的な視点からも理論的な視点からも論じていくことが大切であるが，意味論の研究成果はどちらの視点から見ても問題解決に寄与する可能性がある。英語教育について言えば，ここに教育英語意味論の存在意義がある。

2. 語彙の内在的体系化と外在的体系化

　外国語を学習する過程で語彙の習得が極めて重要であることは言うまでもない。経験からも予測されるように，語彙の習得につ

いて留意すべきことは，外国語学習の達成度は，学習した語の数だけでは判断できないという論点である。学習した語の数が多くても，それらの語が体系化され，かつ，個々の語の意味と用法が適切に理解されていなければ，学習した語の好ましい運用は望めない。

ここで問題となる「語彙の体系化」とは何か，まず，その具体的内容を明らかにする必要がある。第2章で概略を示したように，語彙の体系化を実現するための要因として，個々の語に見る語義間の「関連性」，さらに，複数の語の間に存在するさまざまな「関連性」に注目する必要がある。前者は「内在的な関連性」として特徴付けられ，「内在的体系化」を実現し，後者は「外在的な関連性」として特徴付けられ，「外在的体系化」を実現する。この二種類の体系化によってはじめて，語彙の総合的な体系化が実現されることになる。続く議論では，英語教育という領域に考察の射程を置き，次の三つの視点から語彙の体系化の可能性について考察する。

 (i) 認知に基づく関連性
 (ii) 概念に基づく関連性
 (iii) 状況に基づく関連性

(i) は内在的体系性を実現し，(ii) と (iii) は外在的体系性を実現する。

 (i)「認知に基づく関連性」については，さまざまな語に観察される意味の拡張現象に注目する必要がある。特に have, get, take, go, come, bring, break などのような使用頻度の高い動詞については，その意味と用法が多様であることが知られている。

それぞれの語義と用法を個別的に学習するよりは，語義間の関連性に注目し，体系的に語の意味・用法を学習したほうが効率的かつ自然であろう。語の意味の拡張は内在的関連性として特徴付けられ，内在的体系化を実現させる。

　一例として，break という動詞の意味と用法について考えてみよう。下記の例に見るように，break にはさまざまな意味と用法がある。下線部に注目されたい。

(1) I broke the jar with a hammer and told my mother I'd knocked it off the shelf by mistake.

(Dahl, *The Collected Short Stories of Roald Dahl*: 558)

(私はそのビンをハンマーで壊しておきながら，母親には誤ってそれを棚から落としてしまったと言った。)

(2) I was the good student, he was the bad; I was obedient, he broke the rules; I stayed away from drugs and alcohol, he tried everything you could ingest.

(Albom, *Tuesdays with Morrie*: 95)

(私はよい学生で，彼は悪い学生だった。私は従順で，彼は規則を破るばかりだった。私はドラッグやアルコールには手を付けなかったが，彼は飲めるものはすべて試した。)

(3) Finally, on a hot, humid day in August 1994, Morrie and his wife, Charlotte, went to the neurologist's office, and he asked them to sit before he broke the news: Morrie had amyotrophic lateral sclerosis (ALS), Lou Gehrig's disease, a brutal, unforgiving illness of the neurological system.　　　　　　　　　　(ibid.: 7)

(1994年8月の暑くて湿気のある日に、とうとう、モリーと妻のシャーロットは神経科医のところに行ったが、医者は二人に座るように言ってから診断結果を打ち明けた。モリーは、筋萎縮性側索硬化症（ALS）、つまり、ルー・ゲーリッグ病を患っていた。あの残忍で許しがたい神経組織の病気だ。）

(1), (2), (3) における break の意味は、それぞれ、下記に見る辞書定義の (4a), (4b), (4c) に対応する。

(4) a. to split into pieces or smash into parts or fragments typically by a blow or stress and with suddenness or violence
   b. to violate or transgress by failure to follow, observe, or act in accordance with
   c. to make known sometimes with caution and after hesitation

(*WTNIDEL*)

つまり、〈壊す〉、〈(規則などを) 破る〉、〈(ニュースなどを) 知らせる〉という意味である。break の中核的な意味は、(4a) の定義からも予測されるように、〈(力を加えて)(形あるものを) 壊す〉である。ここにはある種の抵抗感が含意される。このイメージが他の二つの語義にも反映されている。規則は「定められた標準」で、break の対象としてとらえられ、break の本来のイメージが保持されている。規則を破る際の抵抗感が含意される。さらに、〈(ニュースなどを) 知らせる〉にも break の基本イメージが保持されている。この場合も、(4c) の with caution and after hesitation に break の意味合いがよくでている。単なる「知らせる」という行為ではなく，その行為に「注意とためらい」という抵抗感が含意される。最後の二つの用法は，break の拡張した意味と考えることができる。

興味深いことに，この基本的イメージは，break を使った句動詞（phrasal verb）の意味と用法にも保持される。次の例の下線部に注目されたい。

(5) Police even told me that there was someone trying to break into the office, or that someone had broken into the office.　(Gardner, *The Case of the Terrified Typist*: 49)
(警察は，誰かがオフィスに押し入ろうとしたとか，誰かがすでにオフィス押し入っていたとまで私に言った。)

(6) Just before dusk, a single shaft of sunlight broke through the overcast sky, and Jeff and Pamela stood outside on the porch to watch it slowly fade.

(Grimwood, *Replay*: 282)

(ちょうど夕暮れ前に，一筋の太陽光が空の雲間から現れた。ジェフとパメラは外のポーチに立ち，それがゆっくりと消えていくのを眺めていた。)

(5) の break into と (6) の break through の意味は，それぞれ，(7a) と (7b) の辞書定義によって特徴付けられる。

(7) a. to get into a building or a vehicle illegally by using force, especially in order to steal something
　　b. if the sun or light breaks through, you can see it

again after it has been hidden by clouds or mist.

(*LPVD*)

〈(事務所に)押し入る〉,〈(曇り空を)突き破る〉という意味には break の基本イメージが保たれている。どちらの場合も,一定の抵抗感が含意される。さらに興味深いことに,句動詞の意味にも拡張現象が観察される。たとえば,(5) の break into は〈力で押し入る〉という意味であるが,break into には〈(コンピュータに)不正侵入する〉(to use a computer to illegally get or change information that is on someone else's computer (*LPVD*)) という意味があり,次のように使われる。

(8) Kyle Mitnick was arrested after breaking into computer networks in several states. (*LPVD*)

〈(コンピュータに)侵入する〉は〈(建物に)押し入る〉と共通のイメージを持つ。ここでも抵抗感が含意される。

(ii) 「概念に基づく関連性」については,互いに類似した概念を表す語群を一つのグループとし,そのメンバー間の意味的な違いを説明するという視点が挙げられる。ここでは,二つの事例について考えてみたい。いずれも外在的関連性による外在的体系化の事例となる。

第一番目の事例は,語の意味的な増殖作用にかかわる現象である。Dixon (1973) によれば,give, lend, sell, rent は,いずれも〈与える〉という意味を持っているという理由で,一つの語グループを構成する。give は〈与える〉という意味そのものを表すという点で,この語グループの中核語として特徴付けられる。

lend, sell, rent の意味は〈give + X〉という形で表すことが可能である。X の値はそれぞれの動詞で異なってくる。lend では〈X=限られた期間だけ〉，sell では〈X=売買契約に基づいて金と交換で〉，rent では〈X=契約に基づいて，限られた期間だけ，金と交換で〉（視点変動により〈借りる〉〈貸す〉の意味あり）ということになる。このような情報は，以下の引用に見られるように，何らかの形で辞書定義にも盛り込まれることになる。

(9) lend: to give someone something for a short time, expecting that they will give it back to you later (*MED*)

(10) You **sell** something when you give it to someone in exchange for money. (*HEED*)

(11) rent: (i) to pay someone money so that you can use a house or other building; (ii) to let other people pay to use something you own (*CSLD*)

これらの語が使われる際には，もちろん，X に対応する部分が常に言語化されるわけではない。X はそれぞれの語の意味の一部として存在するからである。にもかかわらず，X の部分が状況からの必要性によって言語化される場合もある。以下の例の下線部に注目されたい。

(12) What a shame, Morgan has gone and lent me his extra car for a few days until my other car is fixed, and now here I go again.

(Bradbury, *The Stories of Ray Bradbury*: 105)
(何という恥知らずだ。私のもう一台の車の修理が終わるまで

の数日間, モーガンが彼の余分の車を貸してくれていたというのに, また同じこと (＝事故) を繰り返してしまった。)

(13) I found I would have to sell the new ice picks at forty-one cents straight, in order to keep our margin of profit, so I put the new price on those ice picks.

(Gardner, *The Case of the Foot-Loose Doll*: 120)

(私たちの利益を維持するためには, 新しいアイスピックは41セントちょうどで売らなければならないことがわかったので, そのアイスピックに新しい値札を付けました。)

(14) a. Some months ago, Mr. Findlay received an offer to rent that cabin for a hundred dollars a month. He rented the cabin and, thereafter, received a hundred dollars on the first of each and every month, so that the rental was paid up in full, in advance.

(Gardner, *The Case of the Mythical Monkeys*: 128)

(数ヶ月前, フィンドレイさんは, そのキャビンを月100ドルで借りたいという申し出を受けた。彼はキャビンを貸すことにして, その後, 毎月欠かさず1日に100ドルを受け取った。要するに, 賃貸料は全額が前金で支払われた。)

b. "Just a few days," Pamela said. "Then we're going to drive down to the Keys, maybe rent a boat for a couple of weeks." (Grimwood, *Replay*: 194)

(「ちょうど数日後にキーズに車で行くことになっているの。たぶん数週間ボートを借りるつもり」とパメラは言った。)

この場合, まず, 中核となる give の意味と用法を学習させ, 次

に，それぞれの行為を図式化したうえで，lend, sell, rent の意味を学習させるという可能性が検討の対象となる。特にここで図式化が大切なのは，give という動詞が「物の移動」にかかわる行為を表すからである。

　もう一つの事例は，類似した意味を表す一連の語の違いを体系化して学習させるという視点である。たとえば，scan と scrutinize は共に〈調べる〉という意味を持つが，その意味合いは異なる。特に下線部に注意する必要がある。

(15) If you **scrutinize** something, you examine it <u>carefully</u> or look at it <u>closely</u>. (*HEED*)

(16) You **scan** a page or a piece of writing when you look at it and read through it <u>quickly</u>. (*HEED*)

Rudzka et al. (1981) によれば，scan には〈usu quickly, superficially〉〈often searching for one specific thing〉という意味合いが，scrutinize には〈usu closely, carefully〉〈detect errors〉という意味合いがある。これらの意味は次の例からもうかがい知ることができる。scrutinize については特に下線部の修飾語句に注目したい。〈usu closely, carefully〉〈detect errors〉という意味合いを暗示するような観察主体の様子（(17a)），さらに〈usu closely, carefully〉〈detect errors〉という意味合いそのものを反映した観察主体の様子（(17b)）が言語化されている。scan にはそのような意味合いはない（(18a), (18b)）。

(17) a. An emaciated hand applied a brake, and Mason found himself scrutinized <u>by a pay of piercing gray</u>

eyes, deep-set beneath shaggy brows, in a face which seemed all skin and bones.

　　　　　　　　　　(Gardner, *The Case of the Empty Tin*: 22)

(異常なほどやせた手がブレーキをかけると、メイスンは、毛深い眉の下に深く埋め込まれた鋭いグレーの目に探られていことがわかった。顔はまるで骨と皮のようであった。)

b. His eyes scrutinized the passing faces with the keen, quick interest of a man who has learned to judge character at a glance, and who is sufficiently interested in human nature to read the stories written on the faces of the throngs who jostle about the city streets.　　　(Gardner, *The Case of the Lucky Legs*: 140)

(彼の目が通りすがりの人々の顔を食い入るように見つめた。それは、一目見て性格を判断することを会得し、街中を押し合うように歩いている群衆の顔に刻まれた物語を読み取るまでに人間の本性に興味を抱いている人間が持っている鋭く敏感な興味の眼差しであった。)

(18) a. Ten minutes later Mason presented himself at the checking-out desk with an armful of books.

The cashier scanned the penciled prices marked on the title pages, gave Mason the total figure, $27.85.

　　　　　　　　　(Gardner, *The Case of the Fabulous Fake*: 49)

(10分後、メイスンは腕一杯に本を抱えて支払いデスクに現れた。

　レジ係が、タイトルページに記された価格の鉛筆書きを調べ、メイスンに27ドル85セントの合計額を知らせた。)

b. Jeff idly scanned the posters and notices tacked up behind the supply store's cash register, hoping the man would soon realize he didn't want to get drawn into a political conversation.

(Grimwood, *Replay*: 128)

(ジェフは，政治の話に引きずり込まれたくないことをその男がすぐにわかってくれればと思い，材料店のレジの後ろに貼られたポスターや掲示をぼんやりと目で追った。)

(iii)「状況に基づく関連性」については学習者側の言語生活の内容が大切である。言語表現はさまざまな状況を表すことができる。外国語教育の視点から見ると，学習者の言語生活を分析・分類したうえで，それぞれの生活場面に関連した語彙（複合語も含む）を学習させることが必要となる。この視点からの語彙の整理は，外在的体系化につながる。たとえば，「病院」という空間は，次のような語彙で特徴付けられるかもしれない。(19a)は病院という施設，(19b)は医者，(19c)は器具・検査にかかわる語彙のグループである。

(19) a. waiting room（待合室），receptionist（受付係），patient, insurance card（被保険者証），examining room（診察室），etc.
    b. psychiatrist（精神科医），cardiologist（心臓専門医），gynecologist（婦人科医），surgeon（外科医），chiropractor（カイロプラクター），podiatrist（足治療医），urologist（泌尿器科医），obstetrician（産科医），etc.
    c. temperature（体温），blood test（血液検査），X-ray,

mammogram（マンモグラム），Pap test（パパニコロー検査），urine analysis（尿検査），MRI scan（MRIスキャン），etc.

さらに，「書斎」という空間に目を向けると，以下のような語句が連鎖的に生み出される。(20a) はデスク周辺，(20b) はコンピュータにかかわる語彙のグループである。

(20) a. desk, stacking tray（積み重ねトレイ），file cabinet（ファイルキャビネット），chair（椅子），etc.
　　 b. computer table, printer table, computer, monitor, printer, keyboard, scanner, mouse, disk, CPU（コンピュータの中央処理装置），etc.

言語化の対象となるさまざまな空間の中には言語使用者に共通する領域もある。一般的な言語学習の場合には，共通する言語空間を中心に語彙の学習プログラムを作成していく。また，さまざまな特殊化した言語空間については，それに適した語彙の学習プログラムを作成する。さまざまな語彙ファイルが用意されていれば，学習者の違いによって，自動的に最適な学習プログラムが選択されることになる。

　以上，認知に基づく関連性，概念に基づく関連性，状況に基づく関連性から，語彙の体系化の方法を模索してきた。これらの関連性が組み合わさって語彙が体系化される。この体系化された語彙は，学習者にとって，当該言語の運用基盤となる。このような図式を想定してはじめて，運用可能な状態で語彙の知識が学習者に組み込まれることになる。これまでの議論は，主として，語と

いう言語表現を議論の対象としてきたが，ここでの議論は，そのまま，句レベル，文レベルの表現単位にも拡大されることになる。このような作業を通して，言語表現のファイルが体系化されることになる。

3. 応用事例としてのアカデミック英語

　国際化・グローバル化の進行とともに，英語の必要性は増加するばかりである。この傾向と結び付く形で，英語にかかわるさまざまな資格試験が行われ，英語教育の方法も多様化している。このような状況の中で，もちろん，日常生活を英語で実行できる英語力の養成も大切であるが，アカデミックな状況での英語コミュニケーション能力の養成も重視すべきである。アカデミックな英語コミュニケーション能力は，日常生活という英語運用場面においても，しっかりと自己主張できるような英語力につながるもので，特に大学における専門教育を踏まえた英語教育体系の重要な一部として特徴付けられる必要がある。

　本章でのこれまでの議論はアカデミックな英語の学習についても当てはまる。アカデミックコミュニケーション英語専用の表現ファイルが必要となる。外国語を学習する過程で特に語彙の習得が重要であることは言うまでもないが，外国語学習の達成度は，習得された語の数に依存しているわけではなく，必要な語が学習者の心的語彙体系の中でどの程度まで整理されているかに依存していると考えられる。極めて明白なことだが，特定の専門領域にかかわる語のそれぞれについてその形と意味の対応関係だけをリスト化した語彙ファイルでは不十分である。

本節では，すでに述べた三つの関連性，つまり，(i) 認知に基づく関連性，(ii) 概念に基づく関連性，(iii) 状況に基づく関連性とアカデミックコミュニケーション英語とのかかわりについて考えてみよう。(i) は，どのような英語学習者にとっても共通の関連性である可能性が高い。たとえば，基本動詞 break の多義にかかわる現象は，この関連性によって説明されるが，このような側面は，一般領域の英語学習者にとっても基盤となる学習項目である。アカデミックコミュニケーション英語のような個別領域の英語で問題となるのは，主として，(ii) と (iii) の関連性である。概念と状況は，専門的な個別領域において変容する可能性があるからである。

(ii) については，たとえば，ache と twinge の使い分けのような項目が挙げられる。一般に，ache は連続した鈍い痛みを表し，twinge は突然の鋭い痛みを表す。これは，日常生活一般での使い分けにかかわるが，より専門的な意味合いでの使い分けにかかわる語群もある。たとえば，abrasion（擦り傷）と contusion（打撲傷）の使い分けがある。一般的には，前者には scratch，後者には bruise が，それぞれ関連付けられるかもしれない。今後の課題として，(ii) は，さらに，二つの集合体に分割される可能性があることについても考えておく必要がある。一つは，どの学問領域にも共通した概念体系である。もう一つは，それぞれの学問領域にかかわる個別的な概念体系である。アカデミックコミュニケーション英語がアカデミックな学問領域の反映でなければならないことを考えると，それぞれの学問領域にかかわる専門用語が重要となる。さまざまな専門用語を体系的に整理する必要がある。

(iii) については，当然のことながら，各専門領域にかかわる諸

状況に基づく関連性となる。たとえば,医学に関する領域について言えば,手術室(operating room)という状況に関連して,retractor(開創器),artery forceps(止血鉗子),scalpel(外科用メス)などの道具を表す名詞群に見る関連性が例として挙げられる。これらの名詞群は,手術室という状況によって関連付けられている。

(ii)と(iii)にかかわる課題として,専門用語の表現ファイルの構築がある。特に日本語母語話者のアカデミックな領域では,母語としての日本語による学習と外国語としての英語による学習が平行して行われる可能性がある。その意味で,日本語の対応語に関する情報も記載された英語表現ファイルが必要となる。語彙レベルから文・談話レベルに「英語表現から意味へ」「意味から英語表現へ」という双方向の言語操作を円滑に拡張していくには,アカデミックコミュニケーション英語の意味文法とアカデミックコミュニケーション英語表現ファイルの連携がさらに重要な役割を演ずることになる。

円滑なアカデミック英語コミュニケーションを実現するには,その前提となる多様な思考プロセスが英語教育の中で取り扱われている必要がある。どのような専門領域でも重要であると考えられる思考プロセスとして,たとえば,〈原因-結果〉という認知リンクがある。この認知リンクは,アカデミックコミュニケーション英語において重要な概念となると思われる。

思考プロセスの形成に重要な役割を持つ〈原因-結果〉という認知リンクに対応する英語表現は,アカデミックコミュニケーション英語においても極めて重要であると考えられるが,たとえば高等学校の英語教育においてどの程度まで学習の対象として取り上

げられているのかという視点から，思考プロセスに留意した資料分析も有益であると思われる。ここでは，具体例として，以下のような表現形式について考えてみたい。すべて，〈原因-結果〉という認知リンクを記述する表現形式であり，Zwier (2002) においてもアカデミックな英語の重要表現として語法解説とともに取り上げられているものである。なお，以下の語法解説は主として Zwier (2002) の記述を参考にしている。

(21) X stem from Y

X は結果を表し，Y は原因を表す。通例，X には感情，状況，状態，出来事などを表す表現が使われ，mostly, largely などの副詞が from の直前に生ずることがある。

a. His popularity stemmed from the fact that he was born in the area. (*MED*)

b. Other characteristics of romantic poetry are: a tendency towards mysticism; high, almost revolutionary idealism stemming from the liberal movements of the day; a tendency to dwell on the beauties of nature; a fondness for the foreign and strange.

(Copeland (ed.), *High School Subjects Self Taught*: 451)
(ロマン派の詩のさらなる特徴は，神秘主義に傾く心情，時代の自由運動に発する高潔でほとんど革命的とさえ言える理想主義，自然美にこだわる傾向，異質で神秘なものを好むことである。)

(22)　*X* lead to *Y*

　　*X*は原因を表し，*Y*は結果を表す。eventually, often などの副詞が生ずることがある。can, may などの助動詞と使われることが多い。

　a.　There is no doubt that stress can lead to physical illness.　　　　　　　　　　　　　　　　　　　　(*MED*)

　b.　Even a legally established equality is difficult to maintain, since differences in individual ability exist in all groups, and greater ability almost inevitably leads to greater recognition, greater authority, and in time, ordinarily to higher social standing.

　　(Copeland (ed.), *High School Subjects Self Taught*: 1337)
　　(法的に確立した平等でさえ維持するのは難しい。個々の能力の違いがすべてのグループに存在し，能力が大きくなれば，ほぼ必然的に，認知度，権力が大きくなり，いずれは，通例，社会的立場が高くなるからである。)

(23)　*X* favor *Y*

　　*Y*の存在を支える状況を*X*が作り出す。*X*には状況，規則，出来事などを表す表現が使われる。*Y*には形成，進展，成長などにかかわる表現が使われる。

　a.　The declining importance of cities favored the establishment of feudalism, which was especially suited to an agricultural society concentrated in settlements in the rural districts forming great estates or manors.

　　　　　　　　　　　　　　　　　　　　(ibid.: 61)
　　(都市の重要性が低くなり封建主義の構築が促進することに

なった。封建主義は，大きな土地や荘園を形作る自治区の集落に集められた農業社会に特に適していた。)

b. The diversity in the topography of France has favored the development of a well-balanced economy producing a variety of agricultural products and manufactured goods. (ibid.: 282)

(フランスの地形の多様性は，バランスのとれた経済の発展を促し，さまざまな農産物と製造品を生み出した。)

(24) *X* yield *Y*

X が一定のプロセスを経て *Y* を生み出すという意味合いで使われる。*X* には行為，状態，出来事などを表す表現が使われる。化学的なプロセスを表すのに多用される。

a. Carbohydrates make up the bulk of our diet and are used in the body chiefly as a source of readily available energy. When burned in the body, carbohydrates yield carbon dioxide (CO_2) and water (H_2O). (ibid.: 1193)

(炭水化物は私たちの食事の大半を占め，多くは，簡単に利用可能なエネルギーの源として体内で使われている。体内で燃焼すると，炭水化物は二酸化炭素（CO_2）と水（H_2O）になる。)

b. As we heat solids to incandescence, they emit light which, if dispersed by a prism, would yield a continuous spectrum or band ranging from red to violet.

(ibid.: 1128)

(固体を白熱するまで熱すると，光を発する。この光は，プ

リズムで拡散させると，赤から紫に至る連続スペクトルまたは帯を生み出すだろう。）

(25) *X* be responsible for *Y*

X は原因を表し，*Y* は結果を表す。*X* には状態，出来事，行為などを表す表現が使われる。*Y* には通例好ましくない対象が表現される。

a. The chemical is directly responsible for those deaths. (*MED*)
b. The spread of Western ideas, the steady decline of the Manchu government, and its evident inability to prevent the penetration of the foreign powers were in large part responsible for a revolutionary movement under the leadership of Sun Yat-sen that had begun at Canton before the turn of the century.

(Copeland (ed.), *High School Subjects Self Taught*: 133)
（西洋思想の普及，そして満州政府が着実に衰退し外国勢力の侵攻を明らかに阻止できなくなってしまったことが，世紀の変わり目の前に広東で孫文の指導のもとで始まっていた革命運動の主たる原因であった。）

今後，アカデミックな専門領域の概念・意味領域を詳細に検討し，それぞれの領域について体系的に語彙調査を行い，この領域を余すところなく包括するような学習プログラムを構築していく必要がある。

4. おわりに

　本章では，現代英語を材料として，教育英語意味論の視点から，表現ファイルの下位部門となる語彙ファイルの意義と役割について考察した。さまざまな種類の言語表現について表現ファイルを組み立てることが可能であるが，言語表現の形と意味の側面を結び付けている仕組みの基本部分となるのが語彙ファイルということになる。語彙ファイルは，語という言語表現とその意味の組み合わせを恣意的にリスト化したものではなく，個々の語が持つさまざまな意味の関連性（内在的関連性）や複数の語の間に成立する意味の関連性（外在的関連性）を確保することで作り出された語彙の体系である。ここで問題となる関連性は，認知，概念，状況という三つの要因によって説明される。

　言語理論における表現ファイルの重要性はここで再確認する必要がないほど自明のことであるが，外国語教育においても表現ファイルは重要な意味を持つ。外国語の習得は表現ファイルの習得に大きく依存している。とりわけ，表現ファイルの中核を成す語彙ファイルの習得は外国語学習の過程において重要部分を構成する。語彙ファイルの習得に関する議論は，特に，基本語彙の決定，基本語彙に見る意味拡張の理解など，外国語教育の領域で問題となる重要な課題と大きくかかわってくる。

　ここで重要な論点の一つは，本章での議論を踏まえれば，外国語教育における基本語彙の内容が見えてくるという点である。認知とのかかわりでは，語義と用法に豊かな意味拡張が観察される語ほど，さまざまな言語操作を伴うことになり，それだけ射程の大きな応用力を持つことになる。このような語は，その意味で，

基本語彙の候補となる。また，概念とのかかわりでは，類似した概念間で中核となる意味を直接的に表す語，つまり，複数個の語の間で共有された中核的意味を表す語が基本語彙の候補となる。さらに，状況とのかかわりでは，学習者の置かれた生活環境に密着した語が基本語彙の候補となるだろう。この場合，当然のことながら，基本語彙の中身は学習者の生活環境の違いによって変化してくる可能性がある。

　これら三つの要因から，学習者にとって最適な基本語彙が決まってくることになる。今後の課題としては，学習の対象となる個々の言語について学習上有意義な語彙ファイル，さらには表現ファイルを構築することである。また，表現ファイルに意味文法がどのように関与してくるのか，その関連性も研究の課題となる。その際，記述方式の妥当性にも理論的かつ実証的な考察を加えていく必要があるだろう。

第 II 部

教育英語意味論の実践

第5章　英語語彙文法と教育英語意味論

1. はじめに

　言語の主たる機能として情報の伝達という働きがある。この行為は，言語表現の形と意味の結び付きに基づいて実行される。学習文法は，この図式に基づいて構築されなければならない。言語表現の形の側面はさまざまな意味要因に依存していることを考慮すれば，学習文法の体系は意味論的な思考原理に基づいて組み立てるのが妥当であるという主張には十分な根拠あると思われる。当然のことながら，言語使用者が，状況や概念をどのようにとらえるのか，その認知方式もこの議論に大きくかかわってくる。

　現在，日本における英語教育は，主として，中学，高校，大学という学習の場で実行されているが，文法学習の領域に限れば，意味論研究の成果が十分に反映されているとは言い難い。このような状況で重要なことは，たとえば，「コミュニケーションのための英文法」，「読解のための英文法」というような，特殊化された文法ではなく，言語使用のさまざまな場で役立つ文法を構築する

ことだと思われる。本章では，教育英語意味論の考え方に基づき，英語の表現ファイルから取り出された動詞と意味文法とのかかわりについて考えてみたい。これは，英語の表現ファイルと意味文法の関連性を取り扱う英語語彙文法の構築につながるものである。

　第2章において，学習文法の体系をめぐる諸問題について論じた。ある言語を外国語として運用していく際に，私たちは，その言語を母語とする人々が母語について持っている言語直観を利用することができない。この前提に立ち，そういう言語直観に代わる仕組みとしての学習文法を以下のように体系化する試みを提案した。

意味文法は，言語表現の意味と用法を意味論的な視点から記述・説明した体系である。表現ファイルは，さまざまな言語表現（語，句，文など）の意味情報を記載したファイルで，意味文法を運用する際の重要な道具となる。

　本章では，上記のような体系を備えた学習文法の中で動詞という表現単位がどのように記述・説明されるのかを考察する。さらに，意味文法と表現ファイルの有機的な関連性に注目し，表現行為の対象となる意味領域をできる限り広範に取り扱える学習語彙文法を構築する可能性について考察する。表現行為の対象となる状況の基本構造と動詞との密接な関係を考慮し，本章では，主として動詞の語彙文法について議論を進めていく。

2. 学習英文法における動詞の取り扱い

英語の意味文法は，英語表現の意味と用法を意味論的な視点から記述・説明した体系である。第3章において，意味文法との関連で，言語表現が表す意味内容と意味操作の特性について留意すべき九つの分析領域を提示した。この分析領域の中で動詞の意味論と特にかかわりがあると思われるのは，主として〈領域1〉と〈領域2〉の領域である。

　　〈領域1〉　状況パターン—基本タイプ
　　〈領域2〉　状況構成要素
　　〈領域3〉　状況の時間と形態
　　〈領域4〉　特徴・背景の記述
　　〈領域5〉　状況のカプセル化
　　〈領域6〉　状況パターン—展開タイプ
　　〈領域7〉　感情・判断の表出
　　〈領域8〉　情報の提示パターン
　　〈領域9〉　状況間の関係

〈領域1〉（状況パターン—基本タイプ）は，言語表現が表す状況の基本パターンを扱う。この領域は，文型記述として特徴付けられる。文型はしばしば「動詞の型」として特徴付けられるが，この動詞の型が「状況パターン」という意味領域に関連してくることは明白である。文型は統語構造の類型としての意味を持つのではなく，状況パターンの類型としての意味を持つことを認識することが大切である。

　状況は，一般に，（モノとしての）参与者，参与者間の関係，参

与者の属性，背景（時，場所など）などの意味概念によって特徴付けられる。これらの意味概念にかかわる言語表現の特徴が〈領域2〉（状況構成要素）で扱われる。具体的には，さまざまな参与者を表現する名詞領域，参与者の特徴を扱う形容詞領域，行為と状態を扱う動詞領域，参与者間の関係を扱ったり，参与者と動詞との関係を扱ったりする前置詞領域などがある。

　動詞の意味論がかかわる〈領域1〉と〈領域2〉の内容を概観すると，動詞という表現単位が極めて重要であることがわかる。表現能力についていえば，動詞の語彙文法を学習すれば，言語による表現行為の対象となる領域のかなりの部分が処理できる見通しが得られると言っても過言ではない。

　語彙の体系化を実現するための要因として，個々の語に見る語義間の「関連性」，さらに，複数の語の間に存在するさまざまな「関連性」に注目する。第4章で論じたように，前者は「内在的な関連性」として特徴付けられ，「内在的体系化」を実現し，後者は「外在的な関連性」として特徴付けられ，「外在的体系化」を実現する。この二種類の体系化によってはじめて，語彙の総合的な体系化が実現されることになる。内在的体系性は，主として認知に基づく関連性によって実現される。また，外在的体系性は，概念と状況に基づく関連性によって実現される。

　これまでの議論に注目すれば，学習語彙文法の構築について動詞の議論が極めて重要であることは明白である。使用頻度の高い動詞についてはその意味と用法が極めて多様であることが知られている。それぞれの語義と用法を個別的に学習するよりは，語義間の関連性に注目し，体系的に語の意味・用法を学習したほうが効率的かつ自然であろう。動詞の語彙文法は，他の品詞の語彙文

法の構築のサンプルとなりうるものである。さらに，表現行為の対象となる意味領域の中心は動詞概念によって形成されるという見通しがある。これら二つの論点を前提とすれば，動詞の語彙文法構築に関する議論は生産的で重要であると言える。

3. 動詞の語彙文法

本節では，学習文法の体系に基づいて記述された動詞の意味と用法が具体的な英語教育の場面でどのように生かされていくのか，その可能性について考察する。英語の学習文法を構成する表現ファイルには英語表現それぞれにかかわるさまざまな情報が記載されている。動詞についても同様で，英語の意味文法の知見に基づくさまざまな情報が記載されている。

学習語彙文法の構築という目標に留意すると，語彙の内在的体系性と外在的体系性の議論が問題となる。教育英語意味論の考え方に従い，これら二種類の体系性を実現させることによって，学習語彙文法の構築が可能となる。ここでは，意味拡張の認知論的側面に注目した語義記述のサンプルとして enter と operate の意味論について考察する。

3.1. enter の語彙文法

enter の基本的な語義は，たとえば *MED* によると，以下のように記述されている。

(1) enter
    1 [intransitive or transitive] to go or come into a

place: Soldiers entered the houses, apparently searching for weapons.
2 [transitive] to start to take part in a particular activity or work in a particular job: There are dozens of new companies entering the software market.

語義 1 が基本語義で，enter の中核的な意味を構成する。語義 1 における go と come が表す意味領域に注目すると，基点を基にした限定的な方向性はないと判断される。つまり，使用状況に応じて両方の方向性が可能となる。enter の中核的意味は，概略的には，go と come が持つ明示的な方向性を排除したものに in の意味が結合したものと考えることができる。

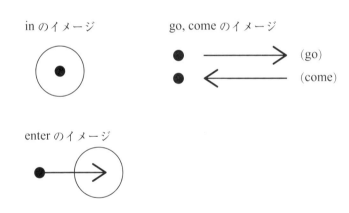

つまり，in が持つ〈空間の内部における存在〉と go または come が持つ〈一定方向への移動〉が組み合わさった意味と考えることができる。語義 1 に見る enter the house は最も基本的な用法で，家という閉ざされた空間の中に実体を持った兵士（soldier）が入

るという意味を表す。語義2に見る〈ソウトウェアの市場〉は抽象的な空間であるが，これは閉ざされた具体空間からメタファー的に拡張したものと考えることができる。

enter の外在的体系性を〈概念〉という視点から考えると，一例として penetrate という語が挙げられる。penetrate は，以下の語義定義と用例からも予測されるように，〈貫く〉というイメージがあり，空間の中に移動する勢いが強く意識される。

(2) [intransitive or transitive] to get inside an object or body by getting through something (*MED*)

(3) To **penetrate** something means to enter or force a way into or through it (*HEED*)

(4) It is our contention that Jackson Eagan was killed with a bullet which penetrated his brain and caused almost instant death. (Gardner, *The Case of the Lucky Losers*: 85)
(ジャクソン・イーガンは，弾丸が彼の頭を貫通したためにほぼ即死の状態で殺害されたというのが我々の主張です。)

(5) The lawyer was interrupted by the sound of a piercing scream which penetrated through the closed glass door of the telephone booth.

(Gardner, *The Case of the Amorous Aunt*: 61)
(弁護士（メイスン）は，電話ボックスの閉められたガラス・ドアを通して聞こえてきた甲高い叫び声でことばを遮られてしまった。)

一方，外在的体系性を〈状況〉という視点からとらえると，建物への出入など，物体の出入が問題となる閉ざされた空間にかか

わるさまざまな語彙 (go into, walk in, come out of, leave, etc.) が問題となる。さらに，enter は，建物だけではなく，さまざまな状況と関連性を持つ。たとえば，〈コンピュータ世界〉という状況の中にも組み入れられる。この状況領域では，enter は次のような意味で使用されることになる。

(6) [transitive] to write something somewhere, for example in a book, on a form, or on a computer: Enter your user name and password. (*MED*)

3.2. operate の語彙文法

operate にはさまざまな意味があるが，これらの語義間の関連性に認知論的な特徴付けを行うことができる。operate が核として持っている意味概念は〈(ある対象に働きかけ)(それを)効果的に動かす，(ある対象が)効果的に動く〉と特徴付けることができる。この状況は以下のような図で示すことができる。

operate のイメージ

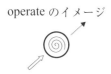

白抜きの矢印は対象に向かっての働きかけを表す。また，点線の矢印は，将来に向けての好ましい進行を表す。さらに，円は対象を表し，円内部の渦巻きは対象の効果的な活性化を表す。

operate が表すさまざまな状況は，以下のように，イメージとしてとらえることができる。(7a) と (8a) は他動詞用法であり，

(7b) と (8b) は自動詞用法である。自動詞用法では，働きかけの主体は背景化している。

(7) a. We operate the machine with a remote control.

b. The machine is operating well.

(8) a. I operate two big companies.

b. My companies are operating smoothly.

(7) と (8) の operate の意味は異なるが，基本的なイメージは共通している。この二つの意味は認知的には，以下のような意味展開の図式の中で説明されると思われる。

［operate の意味展開］
対象が機械・装置であれば，〈動かす→操作する〉となるし，

対象が工場・会社であれば、〈動かす→経営する、運営する〉となる。働きかけを受ける対象に視点が置かれれば、〈(機械・装置が) 動く→作動する、機能する〉〈(工場・会社が) 動く→運営される、操業する〉というようになる。

一方、外在的体系性は、以下のように、語彙のネットワークとして記述される。つまり、概念や状況に基づいて関連語群が形成される。ここでは、〈機械の作動〉〈ビジネスの経営〉という状況領域について具体例を提示する。

[operate の語彙ネットワーク]
(9) 〈機械の作動〉

    a. I had to run the engine for five minutes to warm it up.
（私はエンジンを暖めるために5分間それを動かしていなければならなかった（→〈走るように〉エンジンを動かすという意味合い））

    b. Do you know how to work this laser printer?
（このレーザープリンターの動かし方を知っていますか（→プリンター本来の機能を働かせるという意味合い））

    c. The engine of my car doesn't run smoothly.
（私の車のエンジンはうまく動かない。）

    d. Our copying machine didn't work well.
（私たちのコピー機はうまく動かなかった。）

(10) 〈ビジネスの経営〉

    a. He is running five big hospitals.
（彼は大きな病院を五つ経営している（→〈走るように〉病院

をうまく運営するという意味合い))

b. She keeps a French restaurant in Tokyo.
   (彼女は東京でレストランを経営している(→自分の目の届くところに置いて管理するという意味合い))

4. 予測論理に基づく動詞の語彙文法

　語彙の体系性は内的領域と外的領域で確保される。内在的体系性は認知にかかわる関連性に基づいて実現される。一方，外在的体系性は概念と状況にかかわる関連性に基づいて実現される。外国語教育の視点から見ると，どちらの体系性についても，教育的配慮に基づいて対比される表現群がある。これは，誤りやすい文法項目の予測など，教育上の要因に基づく体系性に依存するもので，ここでは〈予測論理に基づく文法項目〉として記述してみたい。以下の議論では，予測論理に基づく文法項目のサンプルを動詞を例として提示する。英語の誤りやすい語法を扱ったテキストとして Hancock (1990) は興味深い。本節では，ここで取り上げられている動詞の対立を参考にして議論を進めたい。これらの情報は意味文法の中で提供されることになる。

4.1. 内在的体系性──予測論理に基づく文法項目

　内在的体系性については主として認知に基づく語義の意味展開が議論の中心となる。具体的には，不定詞をとるのか動名詞をとるのか，さらに，前置詞・副詞の存在によって意味がどのように変化するのか，などの問題が取り扱われる。予測論理に基づく文法項目は，語の内在的体系性に密着したものから教育的配慮に深

く根付いたものまでさまざまである。以下，四つの事例をサンプルとして提示する。

try to do と try doing

 try to do には，行為の実行がむずかしく，実行できない可能性もあるという含意がある。そのため，一生懸命に努力しなければならないという意味合いを伴う。一方，try doing には〈ちょっとした試み〉という意味合いがある。そのため，実行がたやすく，結果がすぐにわかる行為について用いる。

(11) Harley tried in vain to recognize the figure. He closed his eyes for a few seconds to adjust them to the darkness.　　　　　　　　(Gardner, *The Case of the Buried Clock*:17)
（ハーレイはその人物が誰なのかなんとか見極めようとしたがだめだった。彼は目を暗闇に慣れさせようとして数秒間目を閉じた。）

(12) People have tried using words in special ways or painting pictures, and composing music, and inventing dances. They have tried acting and singing and dancing and making people laugh.

(Grant (ed.), *The Australopedia*: 280)
（人々は特別なやり方でことばを使うとか，絵を描くとかしたり，音楽を作曲したり，ダンスを創作したりしてみた。さらに，演技をしたり，歌ったり，踊ったり，人々を笑わせたりしてみた。）

search と search for

search *X* は，*X* が（または（だれかが）*X* に）何かを隠していると考えて，*X* そのもの（または *X* の中）を調べるという意味になる。「探し出す」という意味では，search for を用いる。

(13) I knew that this scarf and the box of shells must have been a plant because I knew that if it had been there when the police searched the place, Lieutenant Tragg wouldn't have overlooked it.

(Gardner, *The Case of the Mythical Monkeys*: 213)

（このスカーフや貝殻の入った箱は策略であったに違いないことがわかった。それは，警察がその場所を調べたときにそこにあったのなら，トラッグ警部補はそれを見逃さなかっただろうということがわかっていたからだ。）

(14) Runcifer said, "I don't think that's a fair answer, Mr Mason. It was the duty of the officers to search for that gun in order to find it and preserve it as a part of the evidence." (Gardner, *The Case of the Postponed Murder*: 71)

（「それは公平な答えとは思えません，メイスンさん。その銃を見つけ出し証拠の一つとして保管するためになんとかその銃のありかを突き止めるのは警察官の義務でした。」とランシファーは言った。）

grow up と grow

人について grow up を用いると，人が年齢を経て，大人としての振る舞いをするようになるという意味になる。当然，成長の過

程で接する教育や経験が大きな意味を持つことになる。何かが単に大きくなるという状況では up を使う必要はない。

(15) He loves Western pictures. He wants to grow up and be a marshal or a cowpuncher or something of that sort. (Gardner, *The Case of the Deadly Toy*: 87)
(彼は西部劇が大好きだ。彼は大きくなったら保安官かカウボーイか何かになりたいと思っている。)

(16) Unlike most furred animals, whose hair grows to a certain length and then falls out to make room for a new coat, almost all Australian sheep have wool that grows continually—like your hair.

(Grant (ed.), *The Australopedia*: 252)
(ほとんどの毛皮動物は毛がある長さまで伸びると抜け落ちて新しい毛に生え替わるが，このような動物とは異なって，ほとんどすべてのオーストラリア羊は―髪の毛と同様に―常に成長する羊毛に覆われている。)

change trains

change が〈交換〉という意味を包含する場合，交換の対象を表す名詞は複数形となる。たとえば，〈列車を乗り換える〉という行為には〈列車の交換〉が伴う。ある列車を降りてから別の列車に乗る際には，少なくとも二つの列車に言及しなければならない。the を用いないということにも留意するべきである。関連する語法の仕組みは込み入っているが，次の例に見るように，目的語で表された対象そのものを変化させるという意味でも使われる。

(17) But it was the migrants from Europe, arriving after World War Two, who really <u>changed Australia's eating habits</u>. (Grant (ed.), *The Australopedia*: 229)
(しかし，本当にオーストラリアの食習慣を変えたのは，第2次世界大戦後にやってきたヨーロッパからの移住者であった。)

(18) Mrs. Gentrie started to say something, then <u>changed her mind</u> and was silent.

(Gardner, *The Case of the Empty Tin*: 121)

(ジェントリーさんは何かを言おうとしたが，気が変わって黙っていた。)

4.2. 外在的体系性──予測論理に基づく文法項目

　外在的体系性は主として概念と状況に基づく語彙群の意味記述が議論の中心となる。具体的には，反対の動作を表す動詞の組，類義語群，意味連想に基づく関連語群などについて，それぞれの意味特性が問題の対象となる。内在的体系性の場合と同様に，予測論理に基づく文法項目は，語の外在的体系性に密着したものから教育的配慮に深く根付いたものまでさまざまである。ここでは，五つの事例を提示する。

steal と rob

　どちらの動詞も奪うという行為が生ずる場にかかわることで関連性が生まれる。steal は，ある対象をその保管場所またはその所有者から持ち去ることを意味する。したがって，移動可能な対象についてだけ用いることができる。奪うという行為が行われた場所について述べる場合には rob を用いる。メタファー的な用

法も可能である。

(19) a. "What about that knife?" Mason asked.
"It's mine. It was stolen from a suitcase in my apartment."

(Gardner, *The Case of the Terrified Typist*: 112)
(「ナイフのことはどうなんですか？」メイスンは尋ねた。
「それは私のです。アパートにあったスーツケースから盗まれたものです」)

b. Mason stole a surreptitious glance at the young woman sitting next to him.

(Gardner, *The Case of the Lucky Loser*: 15)
(メイスンはこっそりと彼の隣に座った若い女性に視線を向けた。)

(20) The Pacific Northern Supermarket was robbed last night. They got away with about seven thousand dollars.' (Gardner, *The Case of the Phantom Fortune*: 86)
(パシフィック・ノザン・スーパーマーケットに昨夜泥棒が入った。一味は約 7000 ドルを取って逃げ去った。)

educate と bring up

どちらの動詞表現も教育という行為にかかわるという点で関連性が生ずる。教育は通例学校で行われることとされる。教師はさまざまが学科について子供たちに授業を行うことで教育活動を行う。この活動を行うことが educate である。親が子供の面倒を見て，振る舞い方を示すという意味での教育・しつけについては

bring up という句動詞を用いる。bring up を日本語の「育てる」に対応させるだけでは，この句動詞の本来の意味を理解することはできない。*OAADLE* には，bring up の意味が "to care for a child, teaching him or her how to behave, etc." と説明されている。

(21) I happen to know something about him. His parents died when he was a child. His first job paid him twelve dollars a week. He educated himself while he was working.　　　(Gardner, *The Case of the Buried Clock*: 63)
(私は彼についてたまたま知っていることがあります。彼の両親は，彼が子供の時に亡くなりました。彼は最初の仕事で週 12 ドルをもらいました。彼は働きながら独学しました。)

(22) I'm not a depressive character. I-I-I, uh, you know, I was a reasonably happy kid, I guess. I was brought up in Brooklyn during World War II.

(Allen, *Four Films of Woody Allen*: 4)
(私は陰気な性格ではない。私，私，私は，えー，つまり，私はほどほどに幸せな少年だったと思う。私は第 2 次世界大戦中，ブルックリンで育った。)

match と suit

どちらの動詞も二つのものがうまくかみ合うという意味合いがあり，この点で関連性が生ずる。match を用いると，色とかデザインが類似しているために，二つのものが調和してよく見えるということになる。たとえば，服と靴が合っているという意味で

match を用いる。身につけているもののスタイルが人にぴったりであるという場合には suit を用いる。メタファー的な用法も可能である。

(23) Bradbury looked cool, capable, and efficient, in a suit of gray tweeds which matched the gray of his eyes.

(Gardner, *The Case of the Lucky Legs*: 69)

(ブラッドベリーは，グレーの目にあったグレーのツイードのスーツを着ていて，クールで，有能で，敏腕そうに見えた。)

(24) 'Here,' he said. 'Try it on.' He leaned forward and draped the thing around her neck, then stepped back to admire. 'It's perfect. It really suits you. It isn't everyone who has mink, my dear.'

(Dahl, *The Collected Short Stories of Roald Dahl*: 83)

(「ほら」と彼は言った。「それを試してみたら」と言って，彼は身を乗り出して彼女の首にそれを巻き付けてから，後ろに下がって言った。「完璧だね。本当に君に似合うよ。みんながミンクを持てるとは限らないしね」)

win と beat

どちらの動詞も勝つという状況にかかわる場面を共有するという点で関連性が生まれる。win X は，競技などで勝利をおさめ，賞として X を勝ち取るという意味を表す。X は勝者に与えられることになる。beat X は，競技などで X を負かすという意味を表す。

(25) 'You don't remember how much you won?'

'It was rather a large amount.'

'And you're sure you won it on that horse?'

Mason stood looking at the witness for a moment, then suddenly said, 'George, why don't you tell the truth? You didn't win that money in a horse race. That horse lost.'　　(Gardner, *The Case of the Amorous Aunt*: 207)

(「あなたは自分がいくら獲得したか覚えてないのですか？」

「かなりの額でした」

「あの馬で獲得したのは確かですか？」

メイスンは立ち上がったままでちょっと目撃者のほうを見ながら、突然、「ジョージ、本当のことを言ったほうがいいんじゃないですか？あなたは競馬であのお金を得たのではないでしょう。あの馬は負けたのですよ」)

(26) Cricket came to Australia with the English. The first game at Sydney Cove was played in 1803. With the aid of a very fast bowler named Spofforth ('The Demon') an Australian side beat an English side in the 1880s.　　(Grant (ed.), *The Australopedia*: 270)

(クリケットは英国人とともにオーストラリアに入ってきた。シドニー・コーブでの最初の試合は 1803 年に行われた。スポフォース（"デーモン"）と呼ばれる速球投手の助けで、1880 年代にオーストラリアチームは英国チームを負かした。)

borrow と lend

　borrow と lend の表す行為は方向が逆で、ここに関連性が生まれる。borrow は何かを受け取るということになり、lend は何か

を与える，つまり，何かが人から離れていく意味になる．

(27) "You have your own car?"
　　 "Yes. That is, it isn't mine. It's a car I can borrow when I need one."

　　　　　　　　　　　　　(Gardner, *The Case of the Empty Tin*: 93)

　　（「あなたは自分の車を持っていますよね」
　　「ええ，私自身のものではないですけど。必要なときに借りることができる車です」）

(28) People in some parts of the world are too poor to support themselves and have to be lent money by richer countries.　　　　(Grant (ed.), *The Australopedia*: 126)

　　（世界には，人々があまりにも貧しくて自立できず，もっと豊かな国からお金を貸してもらわなければならない地域もある。）

5. おわりに

　本章では，現代英語から選び出した資料を検討しながら，学習文法の一つの運用形態として「学習語彙文法」の可能性について論じた。この文法は，学習文法の下位部門としての意味文法を学習用に整備した運用体系の一つである。この体系は意味文法の一部を形成し，表現ファイルに記載された語彙情報の解釈と運用の方法を取り扱う。

　表現ファイルは語の意味と用法にかかわるさまざまな情報を記載したものであるが，主として，二種類の関連性によって体系化される。語義間の関連性によって内在的体系性が実現し，語彙間

の関連性によって外在的体系性が実現する。これら二つの領域での体系化によってはじめて，有意義な総合的体系化が成立することになる。

内在的体系性は，主として，認知という要因に基づいて記述される。外在的体系性は，概念と状況にかかわる近接性に基づいて記述される。実際の言語学習の場面はさまざまな要因の影響を受けることになるので，学習文法を構築する際には教育的な配慮が必要となる。たとえば，誤解を招くと予測される文法現象を扱う〈予測論理に基づく学習文法項目〉が必要となる。語の学習も例外ではない。学習語彙文法は，このような論点にも留意しなければならない。

語彙ファイルは，語という言語表現とその意味の組み合わせを恣意的にリスト化したものではなく，個々の語が持つさまざまな意味の関連性（内在的関連性）やそれぞれの語を中心に展開する語群間に成立する関連性（外在的関連性）を確保した語彙の体系である。語の意味と用法を中心にして英語の表現体系を網羅することに学習語彙文法の目的と意義がある。この作業によって「言語表現の形と意味を結び付けている仕組み」が説明される。

学習語彙文法は，学習文法を構成する意味文法に中に組み入れ，体系化した表現ファイルの構築に寄与することになる。言語学的に有意義な文法体系としての意味文法の仕組みの中で語彙文法はどのような位置付けを付与されるのであろうか。今後，この課題に理論的かつ実証的な考察を加えていく必要がある。

第6章　英語構文と教育英語意味論

1. はじめに

　言語表現には形の側面と意味の側面とがある。言語表現はさまざまな種類の構成要素から成り，それらが一定の規則に従って配列されている。文表現について言えば，この配列操作によって「構文」が成立する。言語表現の運用の基本を「意味から形へ」（言語表現の生成）と「形から意味へ」（言語表現の解釈）という二つの操作と考えると，言語運用における構文の役割の重要性が再認識される。

　外国語学習においても構文の適切な理解は重要である。ある言語を外国語として運用する場合，その言語の構文にかかわる決まりの学習が不可欠となる。言語の主たる機能は情報伝達であるが，その実行に際して構文情報は重要な役割を果たす。外国語学習の過程で構文の学習が重視されてきた理由はここにあると思われる。このように，外国語学習における構文学習の重要性は言うまでもないが，問題となるのは構文学習の具体的な内容である。

本章では，特に英語学習を具体例としてこの問題について考察する。

伝統的な英語学習では，一般に，「5文型の学習」という形で構文学習の基本が行われていると思われる。しかし，しばしば指摘されるように，この「5文型」では英語のさまざまな文表現の構造を説明することはできない。第2章において，表現の対象となっている状況の構造と言語表現の構造を対応させる可能性について論じた。本章では，この議論に基づいて，外国語学習の視点から有意義であると思われる構文論の可能性について考察する。動詞の型は，それぞれ個有の状況を表す動詞ごとに特徴付けられるので，文構造が常に5文型と関連付けられるとは限らない。この意味で，本章での議論は，伝統的な「5文型」の議論とは直接的な関連を持たないことになる。

外国語学習における構文論は，純粋に言語学的な議論だけでなく，外国語学習における有用性に基づいて，その妥当性が議論されなければならない。本章では，言語表現の意味を理解したり言語表現を組み立てたりする際に活性化する分析回路を言語表現の構造と位置付け，構文を二つのレベルからとらえる可能性について論ずる。第一のレベルは，言語表現の表現対象となる状況を反映した動詞型にかかわる構造である。第2章で議論されているように，文型は統語構造の類型としての意味を持つのではなく，状況パターンの類型としての意味を持つことを認識することが大切である。第二のレベルは，「主部-述部」という表現連鎖にかかわる構造である。状況構成要素のとらえ方が重要な要因となる構造レベルである。言語運用に際しては，これら二つのレベルでの構文認知が必要となる。どちらのレベルも意味と直結している

が,第一のレベルは状況の客観的な構造を反映しているという点で,意味構造の基本的展開の場となる。

2. 意味論的構文論の試み

　文を作り出したり,文の意味をとらえたりする際に,二つの構造レベルを認知する必要があると思われる。これら二つの構造レベルの性格を明らかにするために,言語表現一般の構造特性について考えてみよう。第3章において,言語表現の意味を取り扱う意味文法の考え方に従えば,言語表現が持つさまざまな意味特性を明らかにするためには,少なくとも九つの意味領域に留意すべきであることを論じた。本章での議論にかかわりのある領域として,〈領域1〉(基本状況パターン),〈領域2〉(状況構成要素),〈領域3〉(状況の時間と形態),〈領域4〉(特徴・背景の記述),〈領域5〉(状況のカプセル化),〈領域6〉(展開状況パターン)がある。

　〈領域1〉と〈領域6〉では,言語表現が表す状況のパターンを扱う。〈領域1〉では,言語表現が表す状況の基本パターンを扱い,〈領域6〉では,一つの状況パターンに別の状況パターンを組み入れた複合的な状況パターンを扱う。〈領域2〉では,名詞概念や動詞概念など,状況を構成する構成要素を扱う。〈領域3〉では,状況が生ずる時間(現在,過去,未来)と状況の形態(完了,進行など)の組み合わせを扱う。〈領域4〉では,状況構成要素としての参与者の背景的情報を提供する言語形式を扱う。〈領域5〉では,状況を表す言語表現を別の状況表現に参与者として組み入れるためのプロセスを扱う。

　本章で議論する第一の構造レベルは,基本状況パターンの反映

として特徴付けられる。状況は，一般に，(モノとしての) 参与者，参与者間の関係，参与者の属性，背景 (時，場所など) などの意味概念によって特徴付けられる。たとえば，次の例について考えてみよう。

(1) a. I met Mary in the elevator.
　　b. I gave Mary a passkey.

(1a) では参与者は話し手 (I) とメアリー (Mary) とエレベーター (the elevator) である。(1b) では参与者は話し手 (I) とメアリー (Mary) と合い鍵 (a passkey) である。それぞれの文の基本構造は，以下のように表示される。

(2) a. x met y in z　　(x=I, y=Mary, z=the elevator)
　　b. x gave y z　　(x=I, y=Mary, z=a passkey)

(2a) と (2b) の x, y, z は状況の参加者である。(2a) では met が x, y, z を関連付け，(2b) では gave が x, y, z を関連付け，それぞれ一つの状況を構成する。(2a) の in z は，状況が生じた場面を記述する。

このような構文論は，たとえば，Fillmore の格文法 (case grammar)，格文法に基づいて Langendoen (1970) で提示されている文法論，さらに統合価文法 (valency grammar) などの考え方に通ずると思われる。統合価文法の趣旨は，下記の説明にもあるように，動詞を中心としてそれに一定数の名詞表現が付帯するという考え方である。

A **valency grammar** presents a MODEL of a SENTENCE

containing a fundamental element (typically, the VERB) and a number of dependent elements (variously referred to as ARGUMENTS, expressions, COMPLEMENTS or **valents**) whose number and type is determined by the valency attributed to the verb.　　　　　　(Crystal (1991))
(結合価文法は，基本要素（典型的には動詞）といくつかの依存要素（項，表現，補足部，または結合子など呼び方はさまざまである）を含む文のモデルを提供する。依存要素の数と種類は動詞に起因する統合価によって決められる。)

　第二の構造レベルは，「主部-述部」という表現連鎖にかかわる。状況が言語化される際，すべての構成要素が同じように認知されるわけではない。たとえば，次の二つの文を比較してみよう。

(3) a.　My teacher wrote this English textbook.
　　 b.　This English textbook was written by my teacher.

(3a)と(3b)で表された状況の構成要素は，どちらの文についても，my teacher と this English textbook が表す対象物であり，状況を客観的にとらえれば，二つの文は同一の状況を表していると言える。ところが，状況構成要素に対する焦点の置かれ方の違いにおいて(3a)と(3b)は異なる。(3a)では my teacher が表す対象物に焦点が置かれ，(3b)では this English textbook が表す対象物に焦点が置かれ，それぞれの特性記述が行われている。つまり，(3a)では，能動形の述部表現によって経験特性（「どのような行為を行ったか」という特性）が記述され，(3b)では，受動形の述部表現によって産出特性（「どのように作り出されたか」と

いう特性）が記述されている。

この「主部-述部」という表現連鎖にかかわる構造レベルを設定することには言語学的な根拠がある。たとえば，動詞句削除（VP Deletion）という現象は，この構造レベルに依存しているという議論がある。動詞句削除とは，一般に，二つの同一の動詞句があるとき，一方が助動詞を残して削除されるという現象である。ここで問題となる「同一」という概念は，「主部-述部」にかかわる構造レベルで規定される。Sag (1976a, b) によれば，このような「主部-述部」における述部表現は λ 表現によって意味表示される。一般に，文表現は (4a) のように論理表記され，(4b) のような意味解釈を受ける。

(4) a. $X, \lambda x F(x)$

b. X has the property of being F

Sag によれば，二つの動詞句が「アルファベット異形」(alphabetic variant) である場合，一方の動詞句を削除することができる。二つの動詞句がアルファベット異形であるための条件は複雑であるが，λ 表現の中や外に限量詞（quantifier）がない単純な事例について概略的に言えば，二つの λ 表現 $\lambda x F(A)$ と $\lambda y F(B)$ について，A と B は変項だけが異なり，さらに，A 内のすべての x は，B 内の対応する位置に y を持ち，かつ，その逆に，B 内のすべての y は，A 内の対応する位置に x を持っていなければならないということになる。

一例として (5) の文について考えてみよう。

(5) a. Peter loves Betsy, and Sandy does, too.

b. Peter loves Betsy, and Sandy loves Betsy, too.

(Sag (1976a: 536))

(5a) は (5b) から動詞句削除によって生成されたものである。λ表現を用いた構造表記は，以下の通りである。

(6) Peter, $\lambda x(x$ loves Betsy) & Sandy, $\lambda y(y$ loves Betsy)

(ibid.)

二つの動詞句に対応する $\lambda x(x$ loves Betsy) と $\lambda y(y$ loves Betsy) は，λ表現内外に限量詞を含まず，変項のみが異なっている。さらに，変項部分に一対一の対応関係が成立しているので，互いにアルファベット異形である。

ここで，状況構成要素の一つに認知の焦点が置かれた構造レベルにおいて述部表現がどのような構造特性を持つことになるのかという問題について考えてみよう（第3章を参照）。次の二つの文の述部表現を比較してみたい。

(7) a. John kicked the ball into the goal.
b. Mary loves her children.

(7a) は〈ジョンがボールをゴールに蹴り入れた〉という状況を表しており，その構成要素はジョン (John)，ボール (the ball)，ゴール (the goal) で，その関係を kick(ed) が記述している。同じことが (7b) についても言える。構成要素はメアリー (Mary) と彼女の子供たち (her children) で，その関係を love(s) が記述している。両者の違いは，(7a) が物理的な行為を伝えているのに対し，(7b) が心的な行為を伝えているという点である。さら

に，(7a) は，同時に，ジョンの経験を述べた文とも特徴付けることができる。これは，(7b) がメアリーの心的内容を表していることと認知的には平行的である。これが，第二の構造レベルでの意味解釈につながる。

3. 外国語学習と意味論的構文論

　前節において，言語学的に有意義な二つの構造レベルについて論じた。この議論を外国語学習の視点から眺めると，外国語を運用する際には，これら二つの構造レベルの適切な認知が必要となることが予測される。この認知が，言語表現とその意味を結び付ける作業の前提条件となる。言語表現とその意味とのかかわりは，実際の言語運用のレベルでは，「意味から言語表現へ」という生成の活動と「言語表現から意味へ」という解釈の活動としてとらえられることになる。外国語学習のプログラムは，この視点を前提として組み立てられなければならない。

　第一の構造レベルについては，状況構成要素の学習が必要となる。具体的には，動詞概念と名詞概念がどのような言語表現によって言語化されるのかを学習する必要がある。動詞概念については，要求される名詞表現の数と役割を動詞ごとに学習する必要がある。この情報によって状況の骨組みが決まってくる。この路線に従って，動詞概念の中核を成す動詞の意味論を学習する必要がある。

　ここで，具体的な例を検討することによって，議論を明確にしておきたい。次の文が表す状況について考えてみよう。

(8) a. Mary lived in Paris ten years ago.
　b. John pushed back the chair.

(8a) では live(d) が，(8b) では push(ed) が，それぞれ状況の構造を決めている。〈住む〉という動詞概念には〈誰が〉〈どこに〉という情報が必要となる。また，〈押し戻す〉という動詞概念には〈誰が〉〈何を〉という情報が必要となる。(8a) と (8b) が表す状況を図式化すると，それぞれ，(9a) と (9b) のようになる（大文字は言語形式と結び付いた対象，状態，行為，概念などを表し，外側の円は切り取られた空間を表す）。

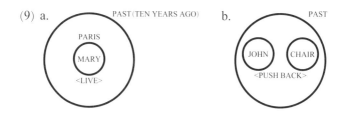

(8a) の (in) Paris は，状況が起こった場所を指定している。動詞の過去時制は，状況の時間特性を表し，ten years ago がさらに具体的な特定時間を指定している。(8b) において，動詞の過去時制は，状況の時間特性を表す。具体的な特定時間指定は行われていない。

　構文について考える際に，その拡張現象にも留意する必要がある。動詞の特性によって文型が決まってくる仕組みを状況認知とのかかわりで検討してみよう。たとえば，paint という動詞によって組み立てられる状況はどのようなものであろうか。〈塗る〉(paint) という行為は，動作主，塗られる対象物，そして塗る材料

としての塗料などが状況構成要素として考えられ、それらを表出する表現構造を持ち合わせている。もちろん、すべての状況構成要素が言語化されるわけではない。あくまでも認知の射程とあり方に依存する。認知の射程から外れた状況構成要素や背景化してしまった状況構成要素は、言語化されないことになる。次の文で使われている paint という動詞と構文の関連性について考えてみよう。

(10) a. I need to paint the bookcase.
b. We're going to paint the room yellow.

(Merriam-Webster)

(11) a. He put a gun on Dewitt, ordered him out of the car, took him back a ways, beat him up with a newspaper rolled up and painted black to resemble a club; .... (Gardner, *The Case of the Amorous Aunt*: 217)
(彼はデウィットに銃をつきつけ、彼に車から降りるよう命じて、遠くに連れて行った。そこで、棍棒に見せかけるためにまるめて黒く塗った新聞紙で彼を殴った ...。)
b. He was beaten up with a rolled-up newspaper painted black so it looked like a club. (ibid.)
(彼は棍棒に見せかけるためにまるめて黒く塗った新聞紙で殴られたのです。)

(10a) と (10b) では、動作主と対象物が表出されている。塗料は背景化されている。(10b) においては、塗ることによって生じた対象物の変化が yellow によって表出されており、構文の中に埋め込まれている。さらに、(11a) と (11b) においては、塗るこ

とに加えて仕上がりの様子までもが状況構成要素として表出されている。仕上がりの様子は，動作主，対象物，塗料に比べれば，状況構成要素として前景化される可能性は低いが，(11a) と (11b) においては重要な状況構成要素として構文の一部を形成している。この現象は，構文の拡張現象として説明することができる。構文とは，たとえば，一定数の文型で静的に記述されるべきものではないと言える。

　上記の結果構文の形成に関与している動機付けについて考えてみたい。ここには原因と結果の認知リンクが関与していると思われる。Goldberg and Jackendoff (2004) において，原因と結果の結び付きが語の意味論に深く関与しているという主張が行われている。この主張に従って，次の結果構文について考えてみよう。

(12)　Willy watered the plants flat.

(Goldberg and Jackendoff (2004: 538))

この文の意味内容は (13a) に見る言い換え文によって明らかとなる。さらに，分析を進めていくと，(12) は，(13b) のような意味構造を持つと分析される。

(13)　a.　Willy made the plants flat by watering them.
　　　b.　WILLY CAUSE [PLANTS BECOME FLAT]
　　　　　MEANS: WILLY WATER PLANTS

結果構文 (12) は，二つの「サブイベント」('subevent')，つまり，〈WILLY WATER PLANTS〉 と 〈PLANTS BECOME FLAT〉とがその生成の基盤となっている。結果構文の生成に 〈原因-結果〉 という認知リンクが大きくかかわっていることがわかる。

〈原因-結果〉という認知リンクが,英語の構文構成に深く関与していると思われる事例がさらにもう一つ存在する。武田(2003)において提示されている「慣用表現の不完全性」にかかわる現象である。次の英文では,それぞれ,hit the roof, get the sack, put one's foot in it という慣用表現が使われている。

(14) a. My husband hit the roof when he found out that my boss had taken me to dinner last night. (*WW*)
 b. If I'm late again he'll hit the roof. (*CIDI*)

(15) a. Pete got the sack for punching the foreman on the nose.
 b. If you don't work harder you'll get the sack.

(*WW*)

(16) a. My new son-in-law's name is John, but I put my foot in it by calling him Roger, which was the name of my daughter's exhusband. (*WW*)
 b. I really put my foot in it with Julie. I didn't realise she was a vegetarian. (*CIDI*)

興味深いことに,これらの文は,下線部がないと,英文としては不完全で情報不足な印象を与える。下線部は,すべて,それぞれの慣用表現が表す行為の前提となる原因または理由となる状況を記述している。慣用表現そのものはこれらの原因または理由の結果を記述している。原因と結果の結び付きは,二つの状況を結び付ける基本的な概念の一つであることがわかる。これも構文の拡張現象の一つだと思われる。

一方,個々の状況の中で動詞概念と結び付く名詞概念は,さま

ざまな言語表現によって言語化される。言語化の対象となるのは，具体物ばかりでなく，抽象概念，状況など，さまざまである。以下の例はその一例に過ぎない。

(17) a. the leather wallet
  b. the discretion and honesty of Mr John Smith
  c. the sound of her voice
  d. the fact that he was not in Paris
  e. the girl who rented the car
  f. writing letters

(17a) は最も単純な名詞表現である。(17b) と (17c) は of を使った複合的な名詞表現である。(17d) と (17f) は，それぞれ，同格構造，動名詞表現として特徴付けられるが，文表現のカプセル化によって生成された複合的な名詞表現である。状況のカプセル化は，状況を表す言語表現を別の状況に参与者として組み入れるための重要な言語操作である。(17e) は，状況のカプセル化と対象物の特性記述が複合的に関与した名詞表現である。

第二の構造レベルは，すでに論じたように，主語として言語化された対象についての特性記述を行うレベルである。つまり，状況を構成する一要素に視点が置かれた構造レベルで，具体的な対象物の特性記述という基本的認知パターンが認知上の圧力となって生じた構造と考えることができる（第3章例文 (1) に関する議論，さらに，関連する議論として武田 (2000, 2002) を参照）。たとえば，すでに論じた (8a) (=Mary lived in Paris ten years ago.) と (8b) (=John pushed back the chair.) の述部表現は過去の経験という特性記述としての意味を持つことになる。

第二の構造レベルについても，外国語学習の視点から考えると，述部表現の中核となる動詞が，主部の中核となる主語を基点として，どのような言語形式を後続させる可能性があるのかという情報が重要となる。たとえば，know という動詞は，下記の例に見るように，さまざまな言語形式を後続させることができる。

(18) a. I don't know a great deal about him.
　　 b. I don't always know what he's doing
　　 c. The judge knows the law.
　　 d. I knew that she was an all round athlete.

英語学習者は，二つの構造レベル間のかかわりに留意しながら，それぞれの動詞について，述部表現を作り出したり，解釈したりする練習を行わなければならない。特に，名詞表現を必要とする動詞については，名詞表現と動詞の連結操作を学習する必要がある。

これまでの議論を外国語学習の方法論とのかかわりで整理すると，外国語学習の基本的な骨組みが見えてくる。外国語学習の重要な一部として，まず，基本的な動詞と名詞について，特にその語義に注目した語彙学習を行う必要がある。さらに，それらの動詞と名詞について形式上の拡張過程を学習することも必要となる。これらの学習は，状況構成要素の表現演習として実行されることになる。このような学習過程と平行して，ある特定の構成要素に注目し，それについて述べるという認知プロセスを意識した表現練習も必要となる。

4. おわりに

　本章では，学習文法の下位部門としての意味文法の体系に基づいて，英語の構文論について議論を進めてきた。意味文法は，言語表現とその意味の対応関係を説明的に記述した体系であるが，文表現に二つの構文分析レベルを仮定した。第一のレベルは，表現行為の対象となる状況の構造を反映したものである。第二のレベルは，状況構成要素と言語使用者との認知的かかわりを反映したものである。時間・天候を表す it の位置付けなど，残された課題もあるが，どちらのレベルの認知も，文表現の生成と解釈に大きな役割を演ずると言える。

　外国語学習の視点から考えると，第一の構造レベルについては，主要な状況構成要素を表現対象とする動詞表現と名詞表現の学習が不可欠となる。動詞表現は状況の骨組みを決定する表現形式で，さまざまな種類の動詞表現についてその形式上の拡張過程を理解する必要がある。一方，名詞表現は状況の参与者を記述する表現形式で，この表現形式についても，その形式上の拡張過程を理解する必要がある。特に，名詞表現については文表現のカプセル化など，難解な言語操作の学習が必要となる。

　第二の構造レベルについては，主部の中核となる主語を基点として，その特性記述を行う述部表現を展開させていく過程が学習の対象となる。つまり，状況構成要素の一つに視点を置き，その構成要素の行為，状態などを「特性記述」していく過程である。二つの構造レベルに基づく意味論的構文論は，言語表現を組み立てたり，理解したりする際に利用される仕組みを説明した体系であり，外国語学習において，「意味から言語表現へ」「言語表現か

ら意味へ」という双方向の言語操作の実行に際して大きな役割を演ずることになる。

　外国語学習の理論は，単に「学習の容易さ」だけを求めるのではなく，安定した言語学習理論に基づくものでなければならない。今後は，言語学的に有意義な文法体系としての意味文法の構造を明らかにし，それに基づく教材の開発にも力を入れていく必要があろう。

第7章　英語語法解説と教育英語意味論

1. はじめに

　最近の言語研究の進展には目をみはるものがある。外国語教育という領域に目を向けると，言語研究のほとんどすべての領域が，この外国語教育に何らかの示唆を与えてくれる可能性を秘めていると言っても過言ではない。本章では，主として意味論という研究領域に注目し，言語研究と外国語教育のかかわりについて議論を進めていく。意味論とは，言語表現が持つ意味そのものの特性について考察したり，意味の部分に注目してさまざまな言語現象を分析したりする研究領域である。

　言語学と外国語教育の接点については，これまでに，さまざまな議論が展開されている。武田 (1987, 2008, 2009a, 2010) において，外国語としての英語の分析方法を例として，教育言語学の視点の重要性を示唆してきた。教育言語学とは，言語研究の諸領域で得られた研究成果を有意味な方法で統合し，それを言語教育に応用しようとする研究領域である。この枠組みに従えば，言語

の仕組みの解明と言語教育の実践という二つの作業が実行され,言語研究の新しい可能性,独創的な言語教育を実現していくための新たな基盤が構築されることになる。意味論研究とのかかわりで言えば,教育言語学の下位領域としての教育意味論の視点の重要性が浮き彫りにされてくる。

　本章では,意味論研究の成果が英語語法の記述・説明にどのような効果を及ぼす可能性があるのか,という論点を実証的な視点から考察する。英語を外国語として学習する際には,英文法の学習とともに英語語法の学習が不可欠である。英語語法の記述・説明が恣意的なものとならないよう,本章では,意味論研究の思考方式を取り入れながら,記述の射程と説明力を高めていく可能性について検討してみたい。教育英語意味論を構築していくための基盤研究ともなるものである。

2. 英語語法記述の基盤としての意味論

　言語表現は形の側面と意味の側面とを持つ。英語の語法を意味論の視点から眺めると,英語表現が持つさまざまな現象を,特に意味の側面に留意しながら,分析・記述することによって,形と意味の対応関係を特徴付けていくことになる。この場合,言語現象を抽象的な規則に基づいて説明するのではなく,言語現象の仕組みを特に意味に留意しながら解きほぐしていくという作業が重視される。本節の目的は,このような立場から具体的な語法現象がどのように説明されるのか,そのサンプルを提示することである。

　以下の議論では,特に,高等学校レベルの英語学習で問題とな

る語法を例としてサンプル解説を提示する。このレベルの英語学習は，新しい語法項目の学習が実行される場であり，さらに，英語の重要な基本が縮約されている言語材料が提示される場でもあるからである。つまり，高等学校レベルの英語学習は，教育英語意味論の基本的な枠組みが具現される重要な言語運用の場と考えられるからである。

語法の分析・記述において大切な論点が少なくとも二つある。一つは，言語をそれを使用する者の立場から眺めていくという論点である。私たちは表現の対象をどのように認知するのか，この認知の方式が言語の運用に大きくかかわっていることを理解しておかなければならない。もう一つ大切なことは語法分析の射程にかかわる論点である。語法分析は，現象を局所的に捉えるのではなく，語用論的な要因も考慮したうえで，分析の射程を談話レベルまで広げていく必要がある。これら二つの論点は，英語語法記述の重要な基盤となる。

2.1. 分詞を使った表現形式

動詞の過去分詞形が挿入表現のように用いられることがある。このような表現は分詞節とも呼ばれるが，その意味上の位置付けは判断が難しい。たとえば，文 (1) における下線部の意味上の位置付けはどのようなものなのか，その判断は必ずしも容易ではない。

(1) Biomimetics, derived from bio-, "life," and mimetic, "imitate," means the imitation of living things.

 (Tanaka et al. (eds.), *Pro-Vision: English Communication* II:

88)

　動詞の過去分詞形 derived で導かれた下線部は，先行するbiomimetics を非制限的に修飾する形容詞的な挿入表現なのか，それとも，主節またはその一部の内容について補足的な説明を行う分詞構文なのか，少なくとも二通りの解釈が可能性である。どちらか一つを選ぶことには無理があると思われる。

　伝統的な学習英文法は，基本的に，「二値的な」判断基準に従っていると思われる。基礎力養成の段階では避けられないことであると思われるが，多様な英語表現の実態を説明するには，「多値的な」立場を採用するほうが説明力が高まる。(1) における動詞の過去分詞形について言えば，「分詞構文かそうでないか」という二値的な判断方式ではその全体像がとらえられない。このような文法観では言語現象の多様性を的確に説明することができない。

　二値的な文法観ではなく，多値的な文法観，つまり，度合いの概念を重視する文法観に従い，動詞の過去分詞を使った節表現を分詞節と考えれば，いわゆる分詞構文はこの範疇に属する。この場合，当該の表現は分詞節で，後置修飾表現の一つと位置付けられる。受動の意味を伝えているので，「関係詞 + be 動詞」が省略された表現とも分析される。機能上の位置付けは形容詞的であり，同時に，副詞的である。ここで多値的な文法観が生きてくる。つまり，(1) の下線部は biomimetics を非制限的に修飾しているが，同時に，非制限であるがゆえに，biomimetics から遊離し，副詞的にも機能することになる。

　興味深いことに，この現象は，以下の 2 例に見る意味上の対応関係と極めて類似しているように思われる。

(2) a. All the students ....
   b. The students all ....

(2a) の all は，限定詞として，特定の学生集団を表す the students に「すべての」という意味を付け加えている。(2b) の all は，(2a) における all the students の all が the students から遊離し，副詞的に機能しているが，意味上は，(2a) の意味内容を保持している。つまり，(2b) では，all が，the students との関係を保ちながら，同時に，副詞的に the students に関する意味情報を伝えていると言える。

上記 (1) に見る分詞節は，学習英文法における典型的な分詞構文とは言えないので，後置修飾表現としての形容詞的な意味と，分詞構文としての副詞的な意味が混在した事例と考えざるを得ない。

2.2. 不定詞をめぐる曖昧性

文表現を構成するさまざまな表現単位間の結び付きについてしばしば曖昧性が観察される。たとえば，以下の文における下線部は，直前の a perfect harmony を修飾する形容詞的用法の to 不定詞なのか，それとも，結果を表す副詞的用法の to 不定詞なのかという疑問も，この曖昧性の一例である。

(3) The rich flavor, fine texture, and sweet smell ... all these make a perfect harmony <u>to help you to relax</u>.
    (Tanaka et al. (eds.), *Pro-Vision: English Communication* I: 29)

この場合,どちらの解釈が優先するのかは,話し手の意図という語用論的な要因に依存している。(3) については,文脈から判断すると,不定詞部分を a perfect harmony と結び付けたほうが妥当であると思われる。to help you to relax の主体となっているのは,主語で表された三項目 (the rich flavor, fine texture, and sweet smell) というより,それらが組み合わされ一体となった a perfect harmony だからである。不定詞の結果用法と考えると,この関連性が弱められてしまう。(3) に見るような構造上の曖昧性は認知のゆれとして特徴付けるのが妥当だと思われる。つまり,認知のゆれが構造の特徴付けに反映された事例と考えられる。

　Horn (1974) で指摘されている動詞句構造に関する現象も,同様の曖昧性の一例と考えることができる。(4) の文の動詞句は,構造上,曖昧であり,その構造は (5a) とも (5b) とも解釈することができる。

(4) Bill wrote a book about Nixon.

(5) a.

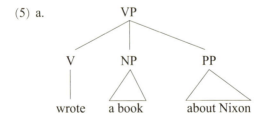

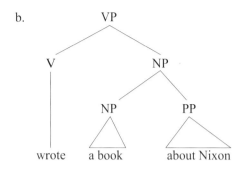

(5a) と (5b) は，それぞれ，「ニクソンについて本を書く」「ニクソンに関する本を書く」に対応する。(5a) では，about Nixon が wrote と結び付き，(5b) では，about Nixon が a book と結び付いている。

このように，表面上は同一の単語連鎖でも，その構造が異なる場合がある。具体的な言語運用の場面では，話し手はどちらか一方の構造だけを認知の対象としていても，聞き手の立場からは曖昧性として認知されることになる。このような曖昧性を処理するには，語用論的な要因を手掛かりにして，話し手の解釈を探知することになるが，認知の図式は必ずしも明確ではない。たとえば，(5a) の「ニクソンについて本を書く」と (5b) の「ニクソンに関する本を書く」は異なる意味であると唯一的に特徴付けることはできない。同一状況が異なる認知方式によってとらえられている可能性もある。構造上の曖昧性はこの認知のゆれの反映であると考えるのが妥当である。

2.3. 同格の that 節

名詞に that 節が後続し，その名詞の内容を記述するという表現形式が英語にある。一般に，that 節の同格用法と呼ばれている。この用法には解釈に曖昧性が生じそうな事例がある。以下の例文における that 節は同格用法の名詞節であるのか，それとも別の用法なのか，検討してみる価値がある。

(6) I have no doubt that your book will be a big hit.

(Tanaka et al. (eds.), *Pro-Vision: English Course* II: 28)

一般論として，同格の that 節は後置修飾表現の一種と考えることも可能である。さまざまな種類の名詞 (claim, objection, certainty, fact, opinion, etc.) に後置修飾表現としての that 節が後続する。このような構造における that を日本語の「という」に対応させて考えると，説明が難しい事例に出会うことになる。(6) の doubt がその好例である。

この名詞表現の構造についての留意点は，少なくとも二つある。一つは，名詞と that 節の意味関係が一つに定まらないことである (doubt「... に対する疑い」のほかに evidence「... であることを示す証拠」なども参照)。つまり，that が常に日本語の「という」に対応するわけではない。もう一つは，名詞に限定表現がしばしば付帯することである (たとえば，our assumption that ... など)。

(6) の doubt「疑い」には強い否定を表す no が付帯している。that 節は，この場合，疑いの対象となっている状況を表す。さらに，doubt と that 節の内容は「という」という意味関係ではうまく説明することはできない。この認知構造が複雑なために，that

節を伴った doubt の学習が難しくなっている。このような場合，I have no doubt that ... で，「... に対して疑いを持っていない」という意味を表すという形で，認知構造を簡潔化する必要がある。

2.4. 関係詞の照応領域

関係詞には制限的用法と非制限的用法がある。非制限的用法では，先行詞として文を射程に入れることになるので，先行文の認知形態が先行詞の決定にかかわってくる。次のような場合はどうだろうか。

(7) Thus, it has to be admitted that Englishes are actually being used as a system of compromise, which need not be taken negatively.

(Haraguchi et al. (eds.), *Pro-Vision English Course* II: 98)

先行詞は，Englishes are actually being used as a system of compromise であるのか，それとも it has to be admitted that Englishes are actually being used as a system of compromise であるのか，これが課題である。

which の先行詞として，どちらの場合であっても，情報伝達の全体の流れには矛盾はないように思われる。話し手がどちらを意図して表現したのかが決定要因となる。ただし，情報構造上，it has to be admitted と that 節が担う情報量に差がある。どちらのほうが情報の山（認知の焦点）になりやすいのか（semantically dominant）が問題となる。it has to be admitted は真理値の受け入れ表明のための表現なので，that 節のほうが情報の山になりやすいのではないかと判断される。この場合，it has to be admitted は文副詞的に機能する。したがって，この文脈では，which の先行詞を that 節とするほうが優先される解釈であると思われる。

この場合に注意すべき点は，it has to be admitted が情報の山となっていない解釈では，この部分を含めて，which の先行詞となると考えることもできる。これはちょうど，動詞の直前の位置に置かれた焦点副詞 only が，動詞句内の構成素を焦点とすることができる現象と同等である。たとえば，(8a) の意味で (8b) を使うことができる。

(8) a. I see my brother only at weekends.
  b. I only see my brother at weekends.

(Sinclair (1992: 475))

2.5. 名詞の可算性

名詞の可算性をめぐる問題は，現象が局所的であるため，軽視されがちであるが，極めて重要な文法項目である。対象の認知方式が決定要因となる。次の例を検討してみよう。

(9) a. pick three tomatoes
  b. a pizza with tomato

(Eastwood (2005: 182))

(10) a. I think you've put too much onion in the salad.
  b. I think you've put too many onions in the salad.

(武田・小原 (2001: 14))

(9) では，トマトが原形をとどめているか，そうでないかが可算

性の決定要因となっている。野菜などの名詞は，本来は個を表す名詞なので，たとえ形が崩れていても，頭の中で元の形を復元するのは容易である。タマネギがいくつか使用されていると思えば，(10b) のように複数形となり，いくつ使用したかということではなく，量としてとらえられていれば，(10a) のようになる。同様の現象は，次の例にも観察される。

(11) By mashing a dozen (a)<u>potatoes</u>, you get enough (b)<u>potato</u> for this recipe.　　　(Langacker (2008: 144))

(11) における下線部 (a) の「ジャガイモ」は料理前のジャガイモで原形をとどめているが，下線部 (b) の「ジャガイモ」は料理に必要なジャガイモとしてとらえられている。

　以上のように，対象のとらえ方が名詞の可算性に大きくかかわってくる。ここで留意すべきもう一つの論点がある。それは，名詞の可算性と語用論的な要因との関連性である。英語の中に入り込んだ日本語の名詞について考えてみると，この論点が浮き彫りにされてくる。たとえば，日本語の「風呂敷」(furoshiki)，「着物」(kimono)，「寿司」(sushi) は，日本文化の一部を成す対象物を表すが，英語化の度合いは異なっていると思われる。学習用の英英辞典の一つである *Merriam-Webster* で見出し語として取り上げられているのは kimono と sushi である。

　見出し語として取り上げられていない furoshiki は英語化の度合いが低いと判断されるが，この場合，外国語としての意識が強いので，イタリック体で表現すべきだと思われる。可算性に関しては，英語化の度合いの低いために語形変化を受けにくい。したがって，以下の例に見るように，単複同形の名詞（sheep, fish な

ど) と同様の使い方になると思われる。

(12) a. I often use a *furoshiki* to wrap up my lunch box.
   b. *Furoshiki* are gradually being replaced by modern handbags and shopping bags. (Reischauer et al. (eds.), *Japan: An Illustrated Encyclopedia*: 432)
   (風呂敷は次第にモダンなハンドバッグやショッピングバッグに置き換わってきつつある。)

英語化の度合いが高いと思われる kimono, sushi は必ずしもイタリック体にする必要はないと思われる。可算性については、一般名詞と同様の取り扱いになる傾向がある。すでに言及した *Merriam-Webster* では、kimono は可算名詞、sushi は不可算名詞として特徴付けられている。用法上のゆれが予測されるものの、a kimono, kimonos, much sushi などの形が可能となる。

以上の議論は、当然のことながら、固定的な見方ではない。英語から見た外国語としての日本語名詞は、まさに、対象に対する話し手の認知方式と知識体系の違いという語用論的な要因の影響を受ける変動的な現象を生み出すと言える。

2.6. 情報の焦点化

英語にはいわゆる5文型と呼ばれる基本文型がある。しかし、基本文型だけでは必要な意味を伝えるには不十分なので、基本文型にさまざまな変化を加えることがある。その代表的な例が分裂文 (cleft sentence) である。分裂文はある情報を強く前面に出したいときに使う。文中の特定の語句を取り出してそこに注意を向けたり、際立たせたりする構文である。

たとえば，(13b) では，(13a) において a car が表す対象を際立たせている。同様に，(14B) では，John という項目が目立った要素となっている。

(13) a. John bought a car yesterday.
   b. It was a car that John bought yesterday.
   （ジョンが昨日買ったのは車だ。）
(14) A: Who broke the window?
   B: It was John (who broke the window / who did it).

(Declerck (1988) を参照)

be 動詞の直後には新情報を伝える焦点項目がくる。その場合，旧情報を表す that 節（(14) の例では who で始まる節）は情報価値が低いので，状況によっては省略できる。焦点要素は新情報を伝えているが，(13b) における a car は不定名詞表現で，発話文脈において初出の項目となる。一方，(14B) における John は定名詞表現であるが，「窓が壊された」という出来事とジョン (John) とのかかわりは新情報として伝えられている。

しかし，この原則が当てはまらない事例もあるので注意する必要がある。たとえば，ニュース放送などでは，be 動詞の後ろの語句と that 節とがともに新情報を表す文もある。次のような文も同様で，エピソードの冒頭で導入文として使われる。

(15) It was in 1886 that the German pharmacologist, Louis Lewin, published the first systematic study of the cactus, to which his own name was subsequently given.

(Downing and Locke (2006: 250), Huxley の作品より)

時や場所を表す副詞句は，通例，文末にくる。しかし，(15) では，in 1889 が時間設定のために前方に移動している。焦点項目の in 1886 が，エピソードを導入するための時間設定の役割を果たしている。このような文における that 節は新情報を表すので，省略することはできない。

分裂文の用法はさらに複雑で，that 節が新情報を伝え，焦点項目として前方照応的な名詞表現が使われている事例もある。次の用例を検討してみよう。

(16) He wore round glasses, and on his forehead was a thin, lightning-shaped scar.
<u>It was this scar that made Harry so particularly unusual, even for a wizard.</u> This scar was the only hint of Harry's very mysterious past, ...

(Rowling, *Harry Potter and the Chamber of Secrets*: 9)
(彼は丸い眼鏡をかけていて，額には細い稲妻型の傷があった。この傷はハリーを魔女にとってさえ特別な存在にしていた。この傷はハリーのとても神秘的な過去の唯一の証だった。)

焦点項目の this scar は，先行文脈で登場し，この文の主題として機能している。that 節では this scar について新情報を伝えており，省略することはできない。

分裂文の機能は「焦点化」で，その一つの効果が「強調」となる。この構文の用法は，that 節が新情報を伝えているか旧情報を伝えているかによって，二つに分類されると思われる。英語教育上は，この点に留意する必要がある。焦点項目は新情報を伝えるが，焦点項目として取り上げられた対象や概念は，聞き手にはじ

めて提示される場合もあれば，何らかの形で認知可能な場合もある。

「強調構文」という用語は，少なくとも (15) の焦点項目の説明については馴染まないように思われる。結果として，誤解と混乱を招くことになる。むしろ，「焦点化構文」という用語のほうが妥当である。最近の英文法書，たとえば，*Advanced Grammar in Use* (Cambridge University Press, 1999) では，いわゆる強調構文を扱ったユニットのタイトルとして "Focusing: *it*-clauses and *what*-clauses" という言い方を採用している。さらに，文法教材である *Oxford Practice Grammar* (Oxford University Press, 2006) でも "Focus Structures: cleft sentences" というタイトルが使われている。今後，このような使い方が多くなってくるように予想される。

2.7. 不定冠詞の意味と機能

不定冠詞の用法については，一般に，「排他性」(exclusiveness) の条件が成立すると言われている。つまり，不定冠詞は「複数個の中の任意の一つ」を表す（排除された対象の存在を含意する）。しかし，この条件には，例外がある。それが，have 動詞の目的語の名詞に付帯した不定冠詞である。Hawkins などの文法学者が指摘しているように，通例，一つしかないものに不定冠詞が使われると不自然になるが，have が使われている文についてはこのような制約はない。break が使われている (17a) は不自然な英文であるが，have が使われている (17b) は容認可能である。

(17) a. ?I broke a head yesterday.

　　　［「複数個の中の任意の一つ」が含意されるが,現実には head は一つである］

　　b. I have a head.　(cf. ?I have a leg.)

　　　［have なので,「排他性」の条件が成立しなくてもよい］

(Hawkins (1978: 221))

この考え方に従うと,たとえば,I have a friend, who ... という英文は不自然となる。この英文が成立するためには,「友だちが一人だけいる」(場合によっては「友だちというものは一人しかいないものだ」)という条件が満たされる必要がある。しかし,このような状況は一般的ではないので,不自然な英文となってしまう。ただし,これは,語用論的な不自然さだと思われる。厳密に言えば,構文上は可能かもしれないが,語用論的には不自然という位置付けになる。もちろん,I have a friend who ... などとすれば,一定の条件を満たす友だちという意味になり,自然な表現となる。

非制限的な関係詞節とのかかわりで言えば,やはり,名詞の指示対象が明確に固定されていないと非制限的な関係詞節は使いにくいと言える。不定名詞句の場合は,特にその傾向が強い。I have a friend, who ... はあまりにも情報不足で語用論的な救済は難しいように思われる。次のような例では,have 以外の動詞が使われ,さらに called Sarah の存在によって,a girl の具体性が高く,非制限的関係詞節が成立しやすい文脈が成立している。

(18)　I met a girl called Sarah, who was the only girl at the party.　(Hawkins (1978: 288))

2.8. 節の時間表現

しばしば指摘されるように，時を表す副詞節は，それが未来の状況を表していても，本動詞は単純現在形で表される。

(19) a. We will send the money as soon as the goods are delivered.
b. *We will send the money as soon as the goods will be delivered.

(Eckersley and Eckersley (1960: 339))

この例とは対照的に，名詞節の場合は，それが未来を表していれば，未来を表す will を現在形で用いる。

(20) The hotel receptionist wants to know when we will be checking out tomorrow morning. (Alexander (1988: 25))

副詞節と名詞節以外の節の場合はどのような規則性が存在するのかという疑問が当然のことながら生ずる。次の例のように，形容詞節を含む文について考えてみよう。

(21) Too much protection will not be good for their future when they have to go back to nature.

(Haraguchi et al. (eds.), *Pro-Vision English Course* I: 71)

when 節は関係節で，その機能は形容詞であるが，when they will have to go back となっていない理由はどこに求めたらいいのだろうか。

副詞節と形容詞節は，名詞節とは異なって，主節の動詞が表す時間概念に依存しているものと考えられる。つまり，主節で表さ

れた未来世界の状況記述になる。未来時に視点を置けば，副詞節と形容詞節が表現対象としている状況は現在のものとなる。名詞節は，主節の動詞が表す時間概念から独立しており，固有の時間特性として〈未来〉を持っている必要がある。

一般的に言えば，主節の動詞部分で時間概念が明らかにされている場合には，形容詞節，副詞節内の動詞にかかわる時間表現は消失する傾向がある。主節で提示されている〈未来〉という時間概念の作用域内で表現行為が進行しているためだと思われる。(21)の文は，この事例だと判断される。文法書でも，以下のような例の存在が報告されている。

(22) a. A prize will be given to everyone who gets the right answer.
b. Keep any letters he sends you.

(Huddleston and Pullum (2002: 135))

(22a)では，助動詞 will があることで時間概念が明らかにされているが，(22b)では，命令文であるという理由で，未来の出来事に言及していると考えられる。

3. おわりに

本章では，教育英語意味論の視点から，英語の語法記述のあり方について考察し，その過程で英語語法記述のサンプルを提示した。この議論の中で，伝統的な学習英文法の域を超え，意味論の視点から英語語法記述を行う可能性について論じた。言語表現の運用は言語使用者の認知方式と大きくかかわっている。言語の使

用は，言語使用者を中心として，さまざまな状況の中で実行される。教育英語意味論は，その記述に際して，言語使用者による表現処理の認知過程が考慮されていなければならない。そのためには，意味論，語用論の研究成果を踏まえた文法体系が教育英語意味論の重要な一部として組み入れられなければならない。これが教育英語意味論の立場である。

　本章で提案している教育英語意味論に基づく英語語法記述には二つの意義がある。一つは，意味の領域に立ち入ることで，説明力が大幅に増大する可能性があるという点である。これは，言語学習の観点からすれば，学習の理解度の向上につながるものである。もう一つは，言語運用の基盤を認知に置くことによって，言語の実態をより自然な形でとらえることができるという点である。これは，言語の本質にさらに深く踏み込んだ言語学習を可能にするものであり，意義のある視点であると判断される。

第8章　英語冠詞の教育英語意味論

1. はじめに

　言語表現の形と意味の側面を結び付けている仕組みとしての「文法」の位置付けに留意すれば，外国語学習の基本は適切な文法の学習ということになる。外国語学習における文法の役割については，肯定的な見解もあれば，否定的な見解もある。しかし，明らかなこととして，外国語学習においては，学習者が自分の母語について備えているような言語直観を利用することができないという現実がある。文法の存在意義はここにある。大切な論点は，文法の必要性に関することではなく，どのような文法が必要なのかという点にある。このような視点に立てば，規範的な文法ではなく，言語運用の本質をとらえた「外国語学習のために最適化された意味文法」(以下，単に「最適化された意味文法」と呼ぶ) の構築が求められる。この考え方は，本書が前提としている教育英語意味論の趣旨に沿ったものである。

　最適化された意味文法を構築する際に，少なくとも二つの論点

に注目する必要がある。一つの論点は，言語学と外国語学習との接点にかかわる。国際化による外国語学習の多様化の流れの中で，さまざまな外国語学習法が考案される可能性があるが，言語学，特に意味論の知見が外国語学習にどのような貢献ができるのかについて考えてみたい。もう一つの論点は，外国語学習の方法論そのものにかかわる。言語の運用は，基本的には，言語表現の生成と理解の過程として特徴付けることができる。これら二つの過程は双方向的なものであるが，外国語学習の視点から言えば，まず，生成の仕組みを明らかにしておく必要があることに注目したい。外国語学習のプログラムにはこの視点が配慮されていなければならない。

　ここで，英語という言語について言えば，英語学習を望ましい形で活性化するような仕組みの構築が課題となる。本章では，英語冠詞を例として，その「最適化された意味文法」の構築について考察してみたい。当然のことながら，すでに言及した二つの論点を考慮することになる。第一の論点については，言語使用者の認知方式を主たる研究対象とする認知言語学の視点を導入することにしたい。表現対象領域と言語表現のかかわりを説明しようとする認知言語学は，英語運用における英語表現とその意味とのかかわりを最も自然に説明できる可能性がある。第二の論点については，英語表現の生成の仕組みを明らかにするために英語表現の意味について考える必要がある。理解と生成は表裏の関係にあるが，本章では，生成の仕組みの理解が言語運用の基本であると考える。

　英語学習に効果的な意味文法を構築するためには，多くの事例研究を積み重ねていかなければならない。本章では，英文法の領

域において習得が難しいとされている冠詞を例として、その意味文法の基本を検討してみたい。冠詞は名詞に付帯してさまざまな意味を伝える機能を持つので、冠詞の議論には名詞の議論が不可欠となる。本章では、武田 (2000, 2002) で提案した「名詞表現の循環仮説」に基づいて冠詞の文法記述を行う。

2. 英語冠詞の運用基盤

英語冠詞の意味文法を構築する際に、すでに言及したように、明確に動機付けられた英語冠詞の意味論の存在が前提となる。ここで前提となる意味論とは、認知に基づく意味論である。言語使用者の認知方式と認知対象の言語化の仕組みは言語間で異なっている可能性が高いが、認知という心的活動が言語化というプロセスに大きくかかわっているという点では共通していると予想される。文法現象は、単に、単語連鎖の表層的現象としてとらえるのではなく、認知の諸相と関連付けてとらえる必要がある。

特に英語冠詞の用法については、対象認知の方法が大きくかかわっていることに注目する必要がある。この論点は、Radden and Dirven (2007) などで指摘されている。次の例は、可算名詞と一般的に言われている名詞が、対象認知の違いによって不可算名詞として使われている事例である。

(1) a. We had *octopus* for lunch.
   b. The whole neighbourhood is full of *skunk*.
   c. You will get a lot of *car* for your money.

(Radden and Dirven (2007: 73))

(1a) の octopus，(1b) の skunk，(1c) の car は，それぞれ，〈食べ物〉(food)，〈におい〉(smell)，〈快適さ〉(comfort) という概念領域とのかかわりで，不可算名詞として使われている。

　冠詞と密接な関係を持つ名詞表現にはさまざまな種類のものがあるが，冠詞の用法を考えるうえで重要だと思われるのは，認知処理上，プロトタイプとして機能する名詞である。冠詞の用法についても，このプロトタイプ名詞とのかかわりが運用基盤となる可能性がある。言語使用者の対象認知の基盤は，自分を取り巻く現実世界のとらえ方に基づくと考えられる。ここで注意すべきことは，基盤となる認知対象は現実世界に存在するが，言語使用者はさまざまな種類の世界を認知対象とすることができるという点である。言語使用者が自らの経験，精神活動を展開させることによって，さまざまな可能世界が認知対象として生み出されることになる。

　英語冠詞の用法は，名詞の可算性にかかわるが，この名詞の可算性は，対象認知の方法に大きく依存する。武田 (2009a) において，対象認知の方式として，二つのパターンを仮定した。すなわち，名詞の指示対象にかかわる認知パターンとして，以下の図に見るような集束的認知と拡散的認知がある。

(2) 対象認知のパターン

集束的認知　　　　　　　　拡散的認知

⬆ は認知の視点とその方向を表す。
○ と ⦿ は認知対象を表す。

集束的認知は，限定された領域が認知対象になっている場合に起こり，認知の方向が一点に集中するイメージとしてとらえることができる。一方，拡散的認知は，限定されていない領域が認知対象となっている場合に起こり，拡がりを持ったイメージとしてとらえることができる。これら二種類の対象認知は，現実世界の反映としての可能世界ばかりでなく，どの可能世界にも生ずる可能性がある。一般的に言えば，集束的認知は可算名詞に，拡散的認知は不可算名詞に，それぞれ当てはまる認知パターンである。

武田 (2000, 2002) において，名詞表現のさまざまな特性を認知上の〈循環〉の中でとらえるという仮説を提示した。概略的に言えば，名詞表現の生成にかかわる〈循環〉は三つの段階から成り，それぞれが一つの名詞類を生成する（名詞類 I, 名詞類 II, 名詞類 III）。〈循環〉の第 1 段階で生成される名詞類 I は，自然界を構成する対象を表す名詞表現である。自然界の構成対象は，一定の形を持った対象もあれば，物質として存在するものもある。前者にかかわる対象認知は集束的であり，後者にかかわる認知は拡

散的である。特に，一定の形を持った対象は，「一つ，二つ，...」と数える操作の対象となる。それぞれが，〈循環〉の第2段階と第3段階で名詞表現が生成される過程でプロトタイプとして機能する。どちらの名詞がより典型的であるのかという課題はまだ未解決であるが，一定の形を持った対象は強い区分化特性を持つため，物質よりも認知しやすいことが予想される。認知しやすい対象が典型例となるのは自然のことだと思われる。

〈循環〉の第2段階で生成される名詞類 II は，その深層に文概念を含む。つまり，状況認知が前提となる。この名詞類については，認知の集束点が，名詞的概念と動詞的概念の統合によって生じた複合概念上にある。いわゆる同格の that 節を伴った名詞表現がこの代表例である。〈循環〉の第3段階では，認知の方向が名詞的概念または動詞的概念のいずれか一方に集束する。こうして，名詞類 III が生成される。この類に属する代表的な名詞表現は関係詞節構造である。さらに，いわゆる抽象名詞は，この類に属することが予想される。

名詞表現は，このように，三つの類に分類されるが，それぞれの名詞類の特性と，実行される対象認知の方式（集束的認知と拡散的認知）が複雑に絡み合い，使用される冠詞の選択が実行されると考えられる。

3. 英語冠詞の運用事例

第2節で提示した枠組みに従って，三種類の名詞表現と冠詞の選択のかかわりについて考察する。重要な論点は，名詞表現の生成に基づく特性を理解することが冠詞の適切な理解につながると

いう見通しである。まず，名詞表現の生成方法の違いに基づいて，冠詞の選択について考察してみよう。次の一連の例に見るように，名詞表現の内部構造は多岐にわたる。

(3) 名詞類 I
 a. a/the cat
 b. water
(4) 名詞類 II
 the fact that Hanako is honest
(5) 名詞類 III
 a. the bicycle that I bought yesterday
 b. beauty

ここで留意すべき点は，自然界を構成する具体的な対象物を表す名詞類 I とは異なって，名詞類 II と名詞類 III には文概念が背後に存在しているということである。すなわち，(3a) と (3b) については，その生成過程において文概念が関与することはないが，(4), (5a), (5b) については，その生成過程において，文概念の存在が前提となっている。これらの議論に基づいて冠詞選択の問題について考察する。

　ここで，不定冠詞と定冠詞の基本的な相違について議論しておく必要がある。一般的に言えば，不定冠詞は個の概念が基盤となって可算という操作を可能にしている。一方，定冠詞は限定という概念が基盤となって唯一化という操作を可能にしている。Hawkins (1978) によれば，「不定冠詞＋（単数）可算名詞」という表現形式は，その表現形式には当てはまってはいるが，話し手の意図した指示対象とは扱われずに排除された対象が，話し手と

聞き手の共有空間に存在することを含意する。つまり,「任意性の含意」(Hawkins (1978) では「排他性」(exclusive) として説明) が成立する。さらに,「定冠詞+(単数) 可算名詞」という表現形式は, その表現形式に当てはまる対象が, 話し手と聞き手の共有空間にただ一つしか存在しないことを含意する。つまり,「唯一性の含意」(Hawkins (1978) では「包括性」(inclusive) として説明) が成立することになる。

　名詞類Ⅰに属する (3a) の cat については, 一般に, 形ある具体的な対象が表されており, 認知上は, 集束的な認知が成立する。これで可算名詞としての位置付けが決まる。冠詞に関しては,「唯一性の含意」が成立すれば, 定冠詞が用いられ,「任意性の含意」が成立すれば, 不定冠詞が用いられる。一方, (3b) の water は, 一般に, 物質を表しており, 認知上は, 拡散的な認知が成立する。したがって, 不定冠詞とともに用いられることはない。大切なことは, この二種類の認知方式がプロトタイプとなり, 冠詞の選択に関して, 他の名詞類の認知プロセスの基盤となるという点である。

　(4) は, 同格の名詞節を伴った名詞表現で, 名詞類Ⅱに属する。この名詞表現の生成基盤には, that 節で表された文概念がある。文概念は, それだけでは拡散的であり, 名詞表現としての位置付けをするためには, 何らかの認知の集束化のプロセスが必要になる。(4) では, that が集束化を表し, 集束点標示詞としての機能を持つ。fact は, 集束化した that 節に付帯したラベルとしての機能を持つ (武田 (2015) を参照)。この場合, fact は特定の状況と結び付いていることが前提となるので, 通例, 以下の例に見るように定冠詞とともに用いられる。

(6) But he concealed the fact that he knew her and he didn't act very much like a copper tonight, in a lot of ways. (Chandler, *Killer in the Rain*: 309)
(しかし，彼は，自分が彼女のことを知っているという事実を隠して，今夜は多くの点で警官のようには振る舞わなかった。)

言語使用者が現実のものとして認識する可能世界には，無数の事実が存在すると考えられる。背景となる文概念が，fact の語彙化のプロセスで消失することにより，fact の普通名詞としての位置付けが確立することになる。この場合，以下の例のように，普通名詞として複数化も可能である。

(7) Let's develop the facts a little bit before we start looking for the person who sent that candy.
(Gardner, *The Case of the Silent Partner*: 203)
(そのキャンデーを送った人物を探し始める前に一連の事実を少し考えてみよう。)

普通名詞としての fact は，特定の状況を想定しながら，事実としての対象を表現することになる。

fact の用法については，さらに興味深い例がある。fact は，that 節に付帯したラベルとしての機能だけを保持して，記述的な意味合いで使われることがある（名詞表現の記述機能については，武田 (1988a) を参照されたい）。以下の例はその好例である。

(8) a. "Look, just give me a chance," Jeff said, following alongside her. "I know for a fact that if we just get to know each other we'll have a lot in common;

we'll—"　　　　　　　　　　　　(Grimwood, *Replay*: 75)

（「ねえ，チャンスを私にくれないか」とジェフは彼女の傍らを歩きながら言った。「私たちがお互い知り合いになれば，多くを共有することができるということを確かなこととして知っているんだ。私たちは ....」）

b. Isn't it a fact that when you returned to your apartment and found that the place had been searched, you dashed into the room of Gladys Doyle for the purpose of finding whether that letter had been disturbed and you found it gone?

(Gardner, *The Case of the Mythical Monkeys*: 221)

（あなたがアパートに戻って，そこが捜索されていることがわかったとき，あなたはその手紙が持ち出されてしまっていないかを調べるためにグラディス・ドイルの部屋に飛び込んだが，それがなくなっていたというのは事実ではないのですか。）

(8a) では，fact がイディオム化した know for a fact という表現の中に組み入れられており，記述的な内容を伝えていると判断される。さらに (8b) では，fact が be 動詞とともに用いられ，記述的・形容詞的な働きをしている。Isn't it a fact that ...? は，慣用化した表現と言ってもよい。

ここで，文概念の一部に認知の焦点が置かれたと思われる事例である (5a)（(9) として再掲）について考えてみよう。

(9) the bicycle that I bought yesterday　(=(5a))

この名詞表現は名詞類 III に属し,(10) のような文概念と結び付いていると判断される。

(10) 〈I BOUGHT (A BICYCLE) YESTERDAY〉
[大文字で記された語連鎖は,語そのものの連鎖を表すのではなく,語連鎖によって表された状況またはその構成要素の集合を表す。( ) で囲まれた部分は,そこが認知の集束点となっていることを示す。]

(10) は,「私は一台の自転車を昨日買った」という出来事の参与者である「自転車」に認知の焦点が置かれていることを示している。(9) の発話者は,自らの経験領域にある自転車を取り上げ,伝達行為を行おうとしている。買った自転車が一台ということであれば,the bicycle という形で言語化し,この自転車に関連した出来事を関係詞節で表現することによって,聞き手にも話し手の意図がわかるようになっている。言い換えれば,ここでの自転車は,〈I bought X yesterday〉という状況に X として参加していた対象で,この状況内の X を満たす必要がある。この条件は,特定化された自転車の bicycle の特性を表していると言える。認知上は,主部と述部の間に成立する特性記述と類似している。これが関係詞節構造の認知上の動機付けである。

ここで注意すべき点は,武田 (2010) でも論じているように,制限的関係詞節の先行詞としての名詞に付帯する冠詞は常に定 (definite) とは限らないということである。話し手が唯一的な対象を意図していなければ,次の例に見るように,不定冠詞が使われることもある。

(11) A dog that/which barks all night is a nuisance.

(Chalker (1984: 251))

(11) の関係詞節が表す条件〈X BARKS ALL NIGHT〉の X に当てはまる犬は一匹に限定されない。つまり，この例では，不定数の犬の存在が拡散的に認知され，総称的な用法に拡張している。

関係詞節の存在が定冠詞と結び付かないことを示すもう一つの事例について考えてみたい。

(12) Paul Drake was sitting in his little cubbyhole behind <u>a desk on which were several telephones</u>. He was just completing a telephone conversation when Mason opened the door.

(Gardner, *The Case of the Fabulous Fake*: 109)

(ポール・ドレイクは，部屋の隅のこじんまりとした場所にある椅子にいつものように座っていた。その前には机があり，電話機がいくつか置かれていた。彼がちょうど電話を終えようとしていたとき，メイスンがドアを開けた。)

(12) については，特定の状況を語り手が記述しているという特徴付けが可能である。ここで，語り手が〈DESK〉という対象をどのようにとらえているのかについて考えてみよう。ここでは，語り手の認知方式が冠詞の選択にかかわっている。Paul Drake という人物を中心にして，彼が置かれている状況が描写されている。読み手にとっては，この状況に関する新情報の連続的理解が続く。つまり，名詞とそれに続く関係詞節は新情報を伝えてい

る。そのため，不定冠詞が使われている。

次に，文概念の一部に焦点化が起こったと思われる事例 (5b)((13) として再掲) について考えてみよう。

(13)　beauty　(=(5b))

この名詞表現は名詞類 III に属し，(14) のような文概念と結び付いていると判断される。

(14)　⟨X (IS BEAUTIFUL)⟩

ここでは，さらに複雑な認知過程がかかわっている。(13) の場合，物体とその属性（または動き）の認知過程については，まず物体の認知が行われ，次にその物体の属性（または動き）が認知されると考えるのが妥当だと思われる。そのような仮定に立てば，(13) の beauty は，(14) のような文概念から ⟨BE BEAUTIFUL⟩ という属性概念が名詞として抽出された事例と考えることができる。言い換えると，beauty は，文概念内にある属性概念に認知作用が集束することによって生じた名詞表現の例と考えられる。名詞語尾の -ty は，集束点標示詞としての機能を持つ。派生の詳細は今のところ不明であるが，文概念から切り離されてしまうという点で，(9) のような関係詞節の生成とは区別される。

もちろん，背景となる経験領域と結び付いた形で焦点化されれば，抽象名詞であっても，以下の例のように，定冠詞がつく可能性もある。

(15)　For all the time we'd spent together, for all the kindness and patience Morrie had shown me when I was young, I should have dropped the phone and jumped from the car, run and held him and kissed him hello.

(Albom, *Tuesdays with Morrie*: 27)

(私たちが共に過ごした時間のこと，さらに，私が若い頃モリーが私に示してくれた親切と忍耐のことを考えれば，私は，電話を置いて，車を飛び降り，走って行って，彼を抱きしめ，挨拶のキスをするべきだった。)

抽象名詞 kindness, patience は，名詞類 III として生成されたものと考えられる。(15) では，これらの抽象名詞によって，特定状況と結び付いた属性概念〈BE KIND〉〈BE PATIENT〉が言語化された事例と考えられる。

〈BE +形容詞〉という属性概念が焦点化される現象は，以下の例における being prompt and efficient のように，しばしば観察される。

(16) "This girl will be here at six o'clock?"
"Right on the dot. I have an idea that girl prides herself on being prompt and efficient."

(Gardner, *The Case of the Terrified Typist*: 74)

(「この女性は6時にここに来るんだね」
「6時きっかりにね。あの女性は時間の正確さと迅速さを大切にしているようだ」)

これは，認知上，文概念を表す表現と抽象名詞との中間に位置する表現形式と言える。

4. おわりに

　英語の冠詞は，定冠詞と不定冠詞という二種類に限られるが，その用法は極めて多彩で複雑である。名詞に付帯して使われるということから，冠詞の用法は局所的であると考えられがちであるが，冠詞の選択は談話領域のさまざまな要因に依存する。このことから，冠詞の用法は，冠詞が付帯する名詞とのかかわりを基盤として，談話領域も射程に入れた枠組みの中で論じていく必要がある。

　本章では，この視点に立ち，名詞表現の生成を〈循環〉の中でとらえ，それとのかかわりで冠詞の用法を考察した。この分析方法には少なくとも二つの意義があると考えられる。第一の意義は，冠詞の用法を恣意的に説明するのではなく，認知論的に動機付けられた意味理論の下で説明できるという可能性である。第二の意義は，提案されている説明原理は言語使用者の認知に基づくもので，言語使用者にとって極めて自然な説明原理となるという可能性である。教育英語意味論の視点を考えれば，このことには大きな意味があると考えられる。

　本章の議論は，英語の冠詞の用法を網羅したものではないが，冠詞の意味文法の基本的枠組みを提示したものである。この枠組みに基づいて，冠詞の多様な用法を記述・説明することが可能であると思われる。冠詞の意味文法は，教育英語意味論の視点に立ち，学習すべき認知パターンと冠詞用法の体系を具体的に提示できるものでなければならない。今後，このような視点から，英語冠詞の教育英語意味論の記述を行っていく必要がある。

第9章　英語現在完了形構文の教育英語意味論

1. はじめに

　私たちは，一般に，母語に関する言語直観は持っているが，外国語についての言語直観は持っていない。そのため，外国語を使用するときは，それに代わる仕組みが必要となる。その仕組みこそが文法であり，外国語学習で文法が必要となる理由はここにある。すでに第Ⅰ部において，有意味な学習文法を構築する手段を得るために，教育を意識した言語学の一領域として教育言語学を仮定し，その下位領域として教育意味論を構築することを提案した。

　本章では，教育意味論の枠組みに基づく学習英文法の構築を目指し，英語現在完了形構文の用法に意味論的考察を加えてみたい。その際に，二つの論点が議論の重要な前提となる。第一の論点は，認知意味論の思考原理である。表現の対象領域に対する言語使用者の認知方式が，さまざまな言語表現の運用に反映されているという論点である。第二の論点は，同一の認知方式が，言語

表現のさまざまな領域で機能しているという論点である。英語現在完了形構文にかかわる諸現象もこれら二つの論点から特徴付けられる。

第一の論点として，言語使用者の認知方式にかかわる「視点変動」という現象に注目したい（武田 (2007) を参照）。状況 (situation) の認知において，状況を構成する特定の要素に認知上の視点が置かれることがあるが，視点変動とは，この視点が移動し，さまざまな視点配置を構成することである。具体例として stop という動詞の意味について考えてみたい。この動詞は，一般的な用法として，(1a) に見るように，〈(車を) 止める〉という意味でも，(1b) に見るように，〈(車が) 止まる〉という意味でも用いられる。

(1) a. He swung his car into the driveway, and drove up to the garage. I <u>stopped</u> my car fifty feet back and waited to see if he was wise.

   (Gardner, *The Case of the Silent Partner*: 155)

   （彼は車を私有道に走らせ，ガレージに近づいた。私はその50フィート手前に車を止め，彼が賢明かどうか様子をうかがっていた。）

   b. Della Street looked back. A car had driven up and <u>stopped</u> at the curb.

   (Gardner, *The Case of the Lonely Heiress*: 38)

   （デラ・ストリートは振り向いた。車が一台近づいてきて歩道のところで止まったところだった。）

stop の二つの語義間で視点の置かれ方に相違がある。〈(車を) 止

める〉では「止める」主体に視点が置かれており,車は中心的な視点の配置対象から外れてしまっている。一方,〈(車が)止まる〉では車に視点が置かれ,「止める」主体が背後に隠れてしまっている。この視点変動という現象が現在完了形構文においても重要な役割を演じている。

ここで注目すべきことは,この〈止める〉と〈止まる〉の対立をめぐる視点変動は,語レベルの表現だけでなく,文レベルの表現においても観察されるという点である。よく知られているように,〈能動〉と〈受動〉の対立はまさに視点変動によって説明される。これが第二の論点である。武田(2002, 2003, 2004, 2009a),Takeda (2009b) でも指摘したように,同一の認知方式が異なる表現領域において成立するという事例はしばしば観察される。たとえば,視覚動詞 (glance, look, etc.) と理解・認識動詞 (know, learn, etc.) にかかわる認知方式が談話レベルの表現領域でも観察される。これは,認知方式が適用される射程が,語レベル,文レベル,談話レベルの表現領域に拡大していく現象の一つである。現在完了形構文の用法を考える際にも,この論点が重要となる。

ここで注意すべき論点は,言語の運用にかかわる語用論 (pragmatics) の問題である。特に,意味論 (semantics) と語用論の関連に注目する必要がある。どのような言語現象を取り扱う場合にもこの論点は重要であると判断される。意味論と語用論の位置付けは,以下の引用の中に集約されている。

> While semantics is mainly concerned with a speaker's competence to use the language system in producing

meaningful utterances and processing (comprehending) utterances produced by others, the chief focus of pragmatics is a person's ability to derive meanings from specific kinds of speech situations—to recognize what the speaker is referring to, to relate new information to what has gone before, to interpret what is said from background knowledge about the speaker and the topic of discourse, and to infer or 'fill in' information that the speaker takes for granted and doesn't bother to say.　　(Kreidler (1998: 18-19))
(意味論は，主に，意味を成す発話を生み出したり，他者によって作り出された発話を処理したり（理解したり）する際に言語という体系を使う話し手の能力に関心を持つが，語用論の主な関心は，特別な発話状況から意味を引き出す――話し手が何を指しているのかを理解したり，以前に起こった事柄に新しい情報を関連付けたり，言われたことを話し手に関する背景知識と談話のトピックから解釈したり，話し手が当たり前のこととしてわざわざ言わない情報を推測したりする，または「埋めたりする」――人間の能力にある。)

意味論は，意味を成す発話を生成したり理解したりする言語能力を扱う。語用論は，発話状況から意味を引き出す言語能力を扱う。発話状況というのは，話し手が問題としている外的世界，新情報の伝達の基盤となる旧情報，背景知識，話し手の意図など，言語表現外の情報のことである。意味論と語用論の区別は必ずしも明確ではないが，ここでは，文表現固有の意味特性を扱うのが意味論であり，言語使用者の置かれた外的世界，情報構造，言語使用者の背景知識・意図にかかわる意味を扱うのが語用論と考え

る。つまり，一定の状況に置かれた言語使用者が表現対象をどのように認知し，言語表現化するのか，この図式が言語使用の基盤となる認知構造であると考える。現在完了形構文の理解にもこの論点が重要な意味を持つ。

　これまでの議論は，教育言語学の枠組みにどのような示唆を与えてくれるのだろうか。視点変動という現象は，言語使用者の認知方式の一例である。この現象と言語表現の生成との関係は言語間で異なっている可能性もあるが，視点変動という現象そのものは英語母語話者にも日本語母語話者にも理解可能な共通項であると思われる。さらに，さまざまな表現領域にかかわる文法現象を学習する際に，同一の原理を利用することができれば，それだけ学習上の負担が軽減することになる。さらに，意味論と語用論の区別は，言語教育の最終目標が有意味な言語運用にあることを考えれば極めて自然なことである。英語現在完了形構文がどのような意味特性を持ち，語用論的要因に依存した言語使用者によってどのように運用されるのか，この論点が，本章の課題である。

2. 現在完了形構文の運用と認知構造

　英語現在完了形構文の意味文法を構築するための基盤として，本節では，英語現在完了形構文の認知構造について考察する。ここでの課題は，「have +動詞の過去分詞形」という表現構造におけるhaveと動詞の過去分詞形はそれぞれどのような意味機能を持っているのか，また，この表現構造はどのような認知方法に基づいて運用されているのか，という基本的な疑問である。

　武田（2011）において，現在完了形構文 (2a) は (2b) のよう

な意味構造を持つという可能性について検討した。

(2) a. *X* has done (*Y*).
   b. *X* HAVE [*X* DO (*Y*)]$_{\text{SITUATION}}$
   [動詞の過去分詞形は do で表す。*Y* は do の目的語を表し，括弧内の要素は選択的な要素とする。大文字で書かれた語は，当該の語に対応する意味を表す。]

Y は do の目的語で選択的な要素であるが，*Y* が選択されれば他動詞構文となり，選択されなければ自動詞構文となる。[*X* DO (*Y*)]$_{\text{SITUATION}}$ は，時間概念については無指定の「状況」(situation) を表す。Radden and Dirven (2007) によれば，動詞の過去分詞形によって表される状況は脱時間的な (atemporal) 性質を持つ。この考え方に従えば，現在完了形構文の意味は，状況を「所有」するということになるので，たとえ本動詞（動詞の過去分詞形）が動作動詞であっても，構文全体は状態を表すことになる (Mair (1990), Yoshida (1995) を参照)。また，have が時制を担うことになるので，現在完了形構文においては，実質的に現在時との依存関係が生まれる。

ここでは，言語教育との関連で重要であると思われる論点に絞って議論を進めることとし，現在完了形構文で問題となる状況の性質について考える。歴史的に見ると，現在完了形構文 (3a) は，かつては (3b) のような形式であった。ここでの表記に従えば，(3c) のような意味構造を持つことになり，動詞の過去分詞形が状況を表す節構造と結び付いていると考える仮説 ((2) にかかわる仮説) を支持しているように思われる (Curme (1931), Radden and Dirven (2007) を参照)。

(3) a. *X* has done *Y*.
　b. *X* has *Y* done.
　c. *X* HAVE [*Y* DONE]~SITUATION~

現在完了形構文で提示された状況，つまり，(3c) における [*Y* DONE]~SITUATION~ そのものは時間概念を伴わないが，「実現」という特性を持つと考えることができる。認知可能性については無指定となるので，過去時における実現は保証されるが，結び付いている特定の時間概念については必ずしも認知可能ではない。

(4)

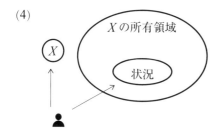

　　［*X* と *X* の所有領域は共に現在時間面に属する。状況は過去時
　　間面に属する。🯄は話者を表す。］

この場合，Y と DONE の関係をそのままとらえれば，動詞の過去分詞形は〈られる〉という意味を持つということになる。この論点については今後さらなる議論が必要であるが，ここでは，[Y DONE] は「Y が DONE という状態にある」という意味を表すのではなく，「Y を DO する」という行為が実行されたことを意味すると考える。もし動詞の過去分詞形が〈られる〉という意味を持つと考えると，英語の現在完了形を構成する動詞の過去分詞形が〈られる〉という意味を持つという不自然なことになる。

さらに，自動詞の現在完了形の説明ができなくなると思われる。

ここでの論点は，武田 (2012) でも論じているように，「have + 名詞 + 動詞の過去分詞形」という形が使役・受動の意味を持たず，完了形に見られる結果の意味を持つ事例によっても裏付けられる。Yoshida (1995) でも指摘されているように，

(5) He had his homework all done by nine.

(5) では his homework all done by nine が状況を表すが，基本的には，「彼が9時までに自分の宿題をすべて終わらせた」という意味を表す。さらに，目的語が動詞の前にくる現象も，ここでの論点を支持しているように思われる。

(6) This girl is smart and sharp, and she may be mixed up in a murder, Paul. She's undoubtedly connected in some way with a diamond-smuggling operation.

(Gardner, *The Case of the Terrified Typist*: 61-62)

(この女性は頭が切れる人物だ。そして，殺人事件に巻き込まれている可能性もある，ポール。彼女は，何らかの点で，ダイヤモンドの密輸計画に関係していることは間違いない。)

これまでの議論に基づいて現在完了形構文の表す意味を図式化すると，以下のようになる。

(7)

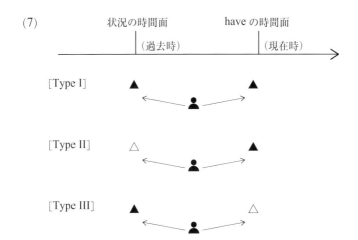

［▲は前景化を表し，△は背景化を表す。また，——→は認知の方向を表す。］

Type I では，have の時間面と状況の時間面に視点が置かれる場合である。この場合，認知の主たる方向は両時間面間で変動する可能性もある。Type II では have の時間面に，Type III では状況の時間面に，それぞれ視点が置かれる。どちらの場合も，視点の置かれなかった時間面は背景としての役割を持つことになる。

ここで，言語化の対象となる状況と認知の主体となる話し手の位置付けについてまとめておきたい。認知の対象は，現在完了形構文における動詞の過去分詞形が表す状況を基盤として，認知領域の拡張によって，複数個の文に及ぶこともある。認知の主体については，現実の言語運用においては，さまざまな語用論的な要因を担っている。それによって，表現行為に多様性が与えられる。したがって，(7) で述べた三つのタイプの用法は明確に区別

されるものではなく,現在完了形構文の用法を考える際の道具としてとらえるべきである。

まず Type I の具体例を検討してみよう。このタイプは,現在完了形構文の認知構造の基本となる。次の (8) の例では,過去時の出来事,つまり「分類される」という出来事が述べられ,(丸括弧内で説明されている) 現在時の状況も重要な情報として伝えられている。

(8) Now officially a part of the French patrimony, it has been classified as a "monument historique" ... (meaning *it is now a 'monument historique'*)

(Lock (1996: 157)) [Type I]

この例においては,状況の時間面と have の時間面のどちらが前景化しているかを唯一的に決めることは難しい。両時間面間で視点変動のゆれがあると思われる ((18) に関する議論を参照)。

次に Type II の事例について検討してみよう。このタイプにはさまざまな用法がある。まず,経験用法と完了用法の事例がこのタイプに属する。次の例を検討してみよう。

(9) a. I've seen that face before somewhere.

(Long (1961: 159))

b. 'I've just thought of something,' said Harry. He had gone white. 'We've got to go and see Hagrid, now.'

(Rowling, *Harry Potter and the Philosopher's Stone*: 286)

「あることをちょっと思いついたんだ」とハリーは言った。

彼はすでに青ざめていた。「私たちは今はハグリッドに会いに行かなければならない」)

(9a) では，過去時の状況そのものにではなく，その状況を経験として所有している現在時間面に視点が置かれている。(9b) では，過去時の状況が現在時間面に極めて近いところで認知されている。つまり，「思いつく」(think of) という行為の終端部が現在時間面に接していると考えることができる。この意味で，視点は現在時間面に置かれていると考えてよい ((19) を参照)。

さらに興味深い事例として，意味拡張の基盤においては現在完了形の意味を含んでいると思われる慣用表現にかかわる現象がある (武田 (2012) を参照)。have had it という慣用表現は，形式においては現在完了形として特徴付けられるが，現在時と過去時が融合した結果として生成されたと考えることができる。この事例では，次の引用からもわかるように，過去時の状況は完全に背景化し，現在時の状況と融合してしまっている。

4 If you say that someone **has had it**, you mean they are in very serious trouble or have no hope of succeeding. *He wants actors who can speak Welsh. Obviously I've had it.*
5 If you say that you **have had it**, you mean that you are very tired of something or very annoyed about it, and do not want to continue doing it or it to continue happening. *I've had it. Let's call it a day.* (COBUILD-LD)

have had it は，現在時の状況を表す慣用表現である。

現在完了形構文が時を表す副詞節に生ずることがある。次のよ

うな例を検討してみよう。

(10) When I've had lunch, I'll call you.　(Long (1961: 161))

(10) の when 節の現在完了形は未来時における現在を表している。この場合，when の存在によって，「ランチを食べる」(have lunch) という行為が終了する時点（未来における現在）に視点が移行していると考えられる。

次の事例も同様に考えることができる。物語の記述を生き生きと展開するために，過去時の出来事を現在時制で表しているが，下線部 (a) では，「彼のそばを通り過ぎる」という行為が終了した時点に視点が置かれている。過去における現在完了の用法である。

(11) Thornhill and the two policemen continue through the lobby.　Behind them is a telephone booth.　We see the Professor standing beside it watching Thornhill being taken out.　After (a)they have passed him, (b)the Professor glances after them briefly, then goes into the booth and closes the door.

(Lehman, *North by Northwest*: 132)

（ソーンヒルと二人の警察官はそのままロビーを通り抜けた。彼らの背後には電話ボックスがあった。その傍らでソーンヒルが連れ去られていくのを教授が立ってじっと見ているのが見えた。彼らが彼のそばを通り過ぎてしまうと，教授はちょっとの間彼らの後を視線で追って，電話ボックスに入り，ドアを閉めた。）

下線部 (b) では，ソーンヒル (Thornhill) と 2 人の警察官が教授の傍らを通り過ぎていった後の出来事の展開が記述されている。

時間概念を表す接続詞の働きによって，過去時の状況が現在時間面に引き寄せられ際立つことになり，未来の状況につながる場合がある。現在時の状況に視点が置かれると，その状況が基盤となって新たな可能性，推論，出来事に発展し，展開していく方向性が生まれる。次の例はこのような意味展開を示している。

(12) Proof of *corpus delicti* only shows that a crime has been committed. After the crime has been committed, then it is possible to connect the defendant with that crime by proper proof.

(Gardner, *The Case of the Terrified Typist* 1987: 149)
(罪体の立証は犯罪が行われたことを示すだけです。犯罪が実際に行われたことになってはじめて，被告人を適切な証拠によってその犯罪と結び付けることが可能になる。)

犯罪が行われた結果として新たにどのような状況が作り出される可能性があるのかという領域に話し手の認知が拡張している。この可能性の領域は下線部によって記述されている。

ここで，複合的な事例について検討してみたい。ニュース報道の始まりの部分で現在完了形がしばしば使われることはよく知られている。これは「〈最新ニュース〉完了形」('hot news' perfect) と呼ばれる。どういう状況変化が起こって，その結果，どういう事態になっているのかが情報の焦点となる。(13) がニュース報道の一部として発話された場合について考えてみよう。

(13) The big tree has fallen over. (Kearns (2000: 183))

現在時の状況を話題とする報道のあり方という語用論的な要因が引き金となって，現在時間面に過去時の状況が牽引されたものと考えられる。ここでは，大木が倒れたというニュースが生き生きと伝えられている。さらに，この事件によって現在何らかの深刻な事態が生じているという背景がある。つまり，現在時間面に過去時の状況を引き寄せることで，状況の変化を重要な情報として記述している。これが過去時の状況を現在時間面に引き寄せる語用論的な要因となっている。

ここでの認知構造は二つの認知プロセスから組み立てられているように思われる。一つは，所有空間内にある過去時の状況を選び出す行為（以下，「選択」と呼ぶ）で，もう一つは，選択された状況を現在時間面に引き寄せる行為（以下，「牽引」と呼ぶ）である。状況を引き寄せるには，引きつける要因（以下，「牽引要因」と呼ぶ）が必要である。(13) では，現在時における深刻な状況が牽引要因となる。

Type III はまれな認知方式であることが予測される。これには少なくとも二つの理由が考えられる。第一に，過去時に視点を置くということが，状況の無時間特性と両立しにくいという理由が挙げられる。過去の一定時に引き寄せるための要因が必要となる。第二に，現在完了形を構成する have は主動詞として機能していることから，現在時間面が前景化する傾向が強くなるという理由が考えられる。しかし，have が持っている現在時間面での所有概念は情報量としてそれほど多くないこともあり得る。このような場合，特別な牽引要因がないと，過去時間面に視点が移動

することもある。興味深いことに，Type III は，Type II との認知構造と微妙にかかわりながら，談話レベルの表現領域において具現することがある。

　しばしば指摘されるように，現在完了形構文によって状況が新しい情報項目として提示され，その提示された状況に関連する別の状況が単純過去形で記述されることがある（Paterson (2012), Swan and Walter (2011) など参照）。(14) はその好例である。

(14) a.　I've found a great restaurant.　I ate there yesterday.
(Paterson (2012: 14))

　　 b.　I've found your glasses.　They were in the car.
(Swan and Walter (2011: 43))

(14) では，特別な牽引要因がなければ，過去時の状況に視点が置かれていると考えられる。(14a) では，第二文に特定の過去時を表す副詞が存在することからも予測されるように，「すばらしいレストランを見つけた」という過去時の出来事に視点が置かれ，現在時間面が背景化してしまっている。(14b) では，第二文で過去時の状況が示されており，「あなたの眼鏡を見つけた」という過去時の状況に視点が置かれ，現在時面が背景化してしまっている。ここで，問題となるのは，Type II で議論した (13) のような例とのかかわりである。双方とも，現在完了形構文でありながら，(13) では現在時間面に，(14) では過去時間面に，それぞれ視点が置かれている。これは，(14) においては，状況の選択というプロセスが起こっているが，選び出された状況を現在時間面に引き寄せるための牽引要因がないためだと思われる。「見つける」という行為は対象を登場させる機能を持つため，その情報が伝わ

れば，特に現在時間面との関連を問題にする必要がないためだと思われる。

このような認知構造はさまざまな例の中で観察される。ここで，さらに詳しく，現在完了形構文を含む文連続体の中で現在時と過去時の複合的認知が成立している例を検討する。次の事例では，過去時の状況に視点が置かれることで現在時間面が背景化してしまう現象が，文連続体の中で生じている。

(15) "Any proof?" Mason asked.

"I was getting proof."

"You've seen Marline?"

"(a) Of course I've seen her.　(b) After I got to thinking things over, I made it a point to see her."

(Gardner, *The Case of the Terrified Typist*: 83)

(「何か証拠は？」とメイスンは尋ねた。

「証拠固めはしていた」

「あなたはマーリンに会ったのか」

「もちろん会っている。いろいろと考えたあと，彼女に会うことにしたんだ」)

(15a) に見る現在完了形構文では，現在時の状況に関心が置かれているのではなく，「彼女に会った」という状況に発する過去時のさまざまな状況に視点が置かれている。まず，過去時の状況が選択され，(15b) で，その選択された状況を基盤としてそれに関連する過去時の状況が述べられている。ここでは話し手の現在時間面には特に牽引要因は存在しないと思われる。視点の移動が文連続体の中で生じていると考えられる。

同様の事例はほかにも存在する。次の例を検討してみたい。

(16) "You have no right to say that."
"I've said it," Mason said, "and I'm saying it again. The next time I say it, it's going to be in open court."

(ibid.: 168)

(「あなたにそれを言う権利はない」

「前にも言ったことだが，ここでまた言っておきたい。今度それを言うのは開廷された法廷でだ」とメイスンは言った。)

(17) Mason said, "I'll give you the high spots. Hocksley wasn't killed. He was only wounded. I want to find out who shot him and why."

"How do you know he was only wounded?"

"(a)Because I've seen him."

"(b)You've *seen* him!" Drake echoed, startled.

"Yes."

"Where?"

"In the Packer Memorial Hospital in San Francisco."

"What did he say?"

"He didn't say anything. He had evidently been given a hypo. He's going to live, but the doctor's trying to keep him out of circulation."

"How did he get to San Francisco?"

"Wenston flew him up."

(Gardner, *The Case of the Empty Tin*: 213)

(メイスンは言った。「私はあなたに最大の重要項目を話してあ

げよう。ホクスリーは死んではいない。怪我をしただけだった。誰がなぜ彼を撃ったのか知りたいと思っている」

「彼が怪我をしただけだとどうしてわかるのですか」

「彼に会ったからだ」

「彼に会ったって？」とドレイクがびっくりしておうむ返しに言った。

「確かなんだ」

「どこで？」

「サンフランシスコのパッカー記念病院でだ」

「彼はなんて言ったんだ？」

「彼は何も言わなかった。明らかに薬を投与されていた。彼は命は大丈夫だろうが，医者は人に会わせないようにしている」

「どうやってサンフランシスコに行ったんだ？」

「ウェンストンが彼を飛行機で連れて行ったんだ」)

(16)の下線部は，「前にも言ったことだけど，再度，言うことにします」という意味合いで，すでに言ったという過去時の状況に視点が置かれており，それによって現在時は背後に隠れてしまう。注目すべきは，談話の展開の中で，過去，現在，未来という時間の流れが成立している。ここでも状況の選択が行われている。現在時間面に状況を引き寄せる牽引要因はないと判断される。(17b) は (17a) を受ける形で使用されているが，先行文脈では，ホックスリィ（Hocksley）についての過去時における状況が話題となっている。さらに後続文脈においても，彼をめぐる状況が単純過去の文を用いて記述されている。さらに注意すべきは，(17b) の seen が強調されている点である。過去時の状況に

視点が置かれていることを示唆するものである。この事例も選択と選択された状況とを基盤とした詳細認知のプロセスとして特徴付けられる。

3. おわりに

　英語の現在完了形構文は「have +動詞の過去分詞形」という比較的単純な構造を持った表現形式であるが，その用法は極めて多彩である。その多彩な用法は，現在完了形構文の運用が，言語使用者のさまざまな語用論的要因に依存しているためだと思われる。そのため，外国語としての英語の学習において難しい項目の一つとなっている。

　英語の「have +動詞の過去分詞形」という表現形式について，have は〈所有〉を表し，動詞の過去分詞形は「実現」した状況を表す。have は現在時間面とかかわり，動詞の過去分詞形は過去時間面とかかわる。どちらの時間面も均等に認知される場合もあれば，どちらか一方の時間面に視点が向けられる場合もある。その様態によってさまざまな用法が生ずるが，have 動詞の主動詞としての位置付けのために，have によって作り出された所有空間が現在完了形構文の認知基盤となる。武田 (2011, 2012) でも論じたように，現在時間面の状況に視点が置かれると，そこを起点としてさまざまな状況展開が言語表現化される。過去時間面の状況に視点が置かれた場合も同様で，そこを起点としてさまざまな状況展開が言語表現化される。

　ここで，伝統的な分類に基づく現在完了形構文の四つの用法（結果，完了，継続，経験）が，ここで提案されている意味文法の

枠組みの中でどのように説明されるのかを見てみよう。ここでは論点を明確にするために,話し手 (I) を主語とする例を用いて議論を進める。基盤となるのは,have によって作り出される話し手の所有空間である。まず,結果と完了の用法について検討してみたい。

(18) I have lost my pen; I am unable to do my exercises.
　　　　　　　　［結果］ (Eckersley and Eckersley (1960: 175))

(19) A. You *do* look clean.
　　　B. Yes, I've just had a hot bath. ［完了］

(Close (1981: 88))

(18) は結果用法の例で,「ペンをなくした」という過去時の出来事が意識されながら,現在時の状況に視点が置かれている例として説明される。話し手の視点は現在時間面と過去時間面の間で変動している。下線部は,現在完了形構文の認知基盤としての現在時間面にかかわる状況展開が言語表現化したものである。前節で述べた Type I の認知構造の発展事例と考えることができる。(19B) は完了用法の例で,過去時の出来事が現在時間面に接するところまで引き寄せられて認知されている。このことは,通例は過去と結び付かない just が使われていることからも推測される。(19A) は,(18) の場合と同様に,現在時間面にかかわる状況展開が言語表現化したものである。前節で述べた Type II の認知構造の発展事例と考えることができる。

次に,継続と経験の用法について検討してみよう。

(20) I have taught this class for ten years. ［継続］

(21)　I have seen this film before.　［経験］

(Eckersley and Eckersley (1960: 175))

(20)は継続用法の例である。「このクラス」(this class)の教育を10年間担当しているという点で継続的である。この場合，10年間一瞬も途絶えることなく「このクラス」(this class)を教えているわけではないという点では非継続的であるが，この解釈でも，行為が10年間継続していると考えて差し支えない。時間の継続を表すfor句によって，過去時の状況が継続という特性を担うことになる。この継続した状況は現在時間面に接した形で認知されている。一方，(21)は経験用法の例である。動詞の過去分詞形で表された状況は不定の過去時と結び付いている。話し手は，この過去時の出来事を意識しながら，それを過去の経験として認知している。

　(20)と(21)に見る動詞の過去分詞形の用法は，それぞれ，(22)と(23)における単純名詞a talkの用法と類似している。どちらの場合もhave動詞が使われている点にも注目したい。

(22)　I had a talk with her for few minutes.

(23)　I already had a talk with her about the proposal.

(20)に見る継続的用法は，(22)におけるa talkの用法と類似している。(22)のa talkは，for句の存在によって，継続という意味を担っている。一方，(23)のa talkは，特定時の時間指定を伴ってはいないが，実現した過去時の行為を表すという点で，(21)の経験用法と類似している。現在完了形構文に観察される認知特性が，名詞表現の指示現象など，異なる表現領域で観察さ

れる認知特性と類似しているという論点は，文法現象の本質を解明するうえで重要な意味を持っていると言える (Comrie (1976) を参照)。

(18) と (19) で観察した現在時間面での状況展開も語用論の領域にかかわる現象である。現在完了形構文と現在時間面とのかかわりを示す事例として，現在完了形を含む文の主語に観察される語用論的制約がある (Poutsma (1926), Palmer (1987), McCawley (1971), Chomsky (1972) などを参照)。Chomsky (1972) によれば，現在完了形構文の主語は，現在時間面に存在している個体を表していなければならない。(24a) の主語 Einstein は故人を表し，(24b) の主語 Princeton は現存の地名を表す。

(24) a. *Einstein has visited Princeton.
    b. Princeton has been visited by Einstein.

(Chomsky (1972: 111))

しかし，McCawley (1971) における事例を見ればわかるように，Chomsky の一般化は強すぎると思われる。主語をめぐるさまざまな語用論的要因によって文の容認可能性が決まってくる。

(25) a. Frege has contributed a lot to my thinking.
    b. Frege has been denounced by many people.

(McCawley (1971: 106))

(25a) と (25b) における Frege は故人を表すが，どちらの文も容認可能である。(25a) では my thinking の my によって，(25b) では many people によって，それぞれ現在時間面とのかかわりが生まれる。

現在完了形構文は，現在時間面と過去時間面が複雑に絡み合った表現形式である。haveは現在時間面における所有空間を表し，動詞の過去分詞形は過去時間面における状況を表す。現在完了形構文は，過去時間面の状況が現在時間面の所有空間に存在することを主語の視点から述べる表現形式である。状況の種類（動作，状態など）と語用論的要因（外的世界のあり様，新情報と旧情報の区分，背景知識，話し手の意図など）によってさまざまな用法が生まれる。現在時間面での状況展開，過去時間面での状況展開は，文レベルにとどまらず，談話レベルにまで及ぶ。英語学習の視点からすれば，このような複雑な用法を持つ現在完了形構文については，いくつかの典型的な類型を抽出し，認知論的な考察を踏まえたうえで，学習対象を明確化することが大切である。これが，今後の課題である。

第10章　SFと教育英語意味論

1. はじめに

　SF（空想科学小説）という多彩な小説形態に厳密な定義を加えることは極めて困難であるが，一般には，科学技術のさまざまな可能性を基礎にした空想的な小説として知られている。このようなSFの本質的性質の必然的結果として，現実世界では起こりえないさまざまな状況が扱われることになる。読者を驚かせるような未来の世界や広大な宇宙が，SFの舞台として選ばれたりする。このような状況で利用される思考様式，さらに，SFという小説形態が生み出される基盤となっている思考様式は，しばしば，通常の論理とは異なるユニークな法則に依存している。

　このSF特有の状況，思考論理の中には，言語学の下位部門である意味論の思考方法と極めて類似した発想が観察されることがある。SFを通して多様な表現行為を体験することは，言語の創造性を学ぶことにもなり，教育英語意味論の構築にも寄与することが予想される。本章では，いくつかのSF作品を取り上げ，そ

こに組み込まれた意味論の視点や考え方を概観してみたい。その際，特に現代英語の文法と語法の本質を明らかにしてくれるような材料を使用したい。

SF は意味論とさまざまな接点を持っていると思われるが，本章では，主として次の三つの切り口から議論を進めていきたい。

 (i) SF 作品のテーマ
 (ii) SF 特有の思考方式
 (iii) SF で用いられる言語

(i) については，意味論の考え方が，実際に，SF 作品の中に取り入れられている事例を検討する。(ii) については，SF 特有の思考方式と意味論の思考方式の類似性について考察する。(iii) については，意味論の領域で一定の評価を与えられそうな文法・語法研究の材料を，SF 作品で使われている英語から抽出してみたい。

2. SF作品のテーマ

SF の世界ではさまざまな場面設定の中で多種多様なテーマが取り扱われているが，言語学の一研究が作品のテーマとして利用されている事例がある。ヴァン・ヴォークト（Van Vogt）の *The World of Null-A* と *The Players of Null-A* である。ここでは，アルフレッド・コージブスキー（Alfred Korzybski）が提示した「一般意味論」(general semantics) の実践が主要なテーマとなっている。一般意味論は，ほぼ 1930 年代から 1940 年代にかけて関心を呼んだ言語哲学の体系である。これらの SF 作品には，章の始

まりに一般意味論の解説が付与されており，これらを総合すると一般意味論の一端がわかるようになっている。次の引用はその一例である。

(1) Semantics has to do with the meaning of meaning, or the meaning of words. General Semantics has to do with the relationship of the human nervous system to the world around it, and therefore it includes semantics. It provides an integrating system for all human thought and experience.

(Van Vogt, *The Players of Null-A*: 67)

（意味論は，意味の意味，あるいは語の意味を扱う。一般意味論は，人間の神経システムとそれを取り巻く世界との関係を扱う。したがって，そこには意味論も含まれる。一般意味論は，人間のすべての思考と経験を統合するためのシステムを提供する。）

(2) For the sake of sanity, INDEX: Do not say, 'Two little girls ...' unless you mean, 'Mary and Jane, two little girls, different from each other, and from all the other people in the world ...' (ibid.: 82)

（健全さを保つには，インデックスをつけなさい。「二人の少女が ...」と言えるのは，「お互いに異なり，世界の他の人間すべてと異なる二人の少女，メアリーとジェーンが ...」ということを意味する場合だけである。）

(3) For the sake of sanity, remember: 'The map is not the territory, the word is not the thing it describes.' Wherever the map is confused with the territory, a

'semantic disturbance' is set up in the organism. The disturbance continues until the limitation of the map is recognized. (ibid.: 158)

(健全さを保つために，次のことを覚えておきなさい。「地図は現実の土地ではなく，語はそれが表している対象ではない。」地図と土地を混同すると，必ず，「意味論的障害」が有機体に生ずる。この障害は地図の限界が認識されるまで続く。)

特に，(2) と (3) は語の意味研究の重要性を示唆しており，意味論の重要な研究領域とかかわってくる。個人間および世代間の相互理解を促進するためには語の意味を正確に把握したうえでその語を用いる必要がある。語の意味は多様である。語の指示対象が変化しても，そのことは知らずにその語を使い続けてしまうこともあり，それが原因で意志の疎通がうまくいかなくなることもある。現実のリンゴは，赤いものもあれば，黄色いものもあり，また同じ赤いリンゴでもその赤さは個々のリンゴによって異なる。ことばを明確な対象との連関性に基づいて把握すべきである。

この論点は，現代意味論の指示と記述の問題に関連する。名詞表現には記述的な機能と指示的な機能があり，両者を区別することの重要性はよく知られている。Frege (1970) でも論じられているように，語の意味とその指示対象は厳密に区別されるべきである。語の意味はその語の記述的な機能として，語の指示対象はその語の指示機能として，それぞれ説明される。

ここでの議論に関連すると思われる事例として，Langendoen (1970) において，名詞表現の指示に関する興味深い観察が報告

されている。次のような文について考えてみよう。

(4) John's wife was born at home.
(5) The rock is now a pile of dust.

(Langendoen (1970: 107))

(4) の John's wife は，ジョンの奥さんが発話時に健在であれば，現実世界における特定の女性を指し示し，それと同時に，ある過去時に自分の家で生まれた特定の女性も指し示す。もちろん，発話時にジョンの奥さんである女性は，生まれたときにすでにジョンの奥さんである必要はない。(5) の the rock についても同様の議論が成立する。the rock は，発話時において砂塵の山である対象を指し示しているが，同時に，その砂塵の山の過去の形態も指し示している。この論点は，次の言い換え文を見れば，より明確になる。

(6) The one who *is* John's wife was born at home.
(7) The thing that *was* a rock is now a pile of dust.

次の (8) もまた，指示と記述の複雑な対応関係を示す事例である。

(8) In 1929, the president was a baby.

(Fauconnier (1985: 30))

(8) では，the president が発話時に実在する特定人物を指し示すと同時に，その人物の過去における存在も指し示している。ここで言及されている人物が，生まれたときにすでに "(the) president" と呼ばれていたはずは通例ない。

名詞表現の指示機能と記述機能を区別する必要性を別の視点から考えてみよう。まず，(9) と (10) を比較してみたい。

(9) a. John knows that the boss's daughter is ravishing.
   b. John knows that Sarah is ravishing.
(10) a. John believes that the boss's daughter is ravishing.
   b. John believes that Sarah is ravishing.

(Langendoen (1970: 113-114))

Sarah と the boss's daughter が同一人物を指し示している場合，話し手が (9a) を真 (true) であると認めることは，同時に，(9b) も真であることを認めることになる。しかし，話し手が (10a) を真であると認めても，(10b) も真であると認めていることには必ずしもならない。これも，指示と記述の関係が複雑であることを示す好例である。

3. SF 特有の思考方式

次に，SF で用いられる思考方式について興味深いと思われる事例をいくつか取り上げてみたい。意味論の領域でしばしば利用される概念として「可能世界」(possible world) がある。この可能世界という概念は，さまざまな意味現象を取り扱う際に登場する概念である。たとえば，(不定) 名詞表現にかかわる特定性 (specificity) を説明する際にも利用される。よく知られているように，次の文では，不定名詞句 a fish の特定性に関する解釈が一定していない。

(11)　John wants to catch a fish.

(11) は，発話時の現実世界に目を向ければ，特定の魚を指し示している場合（特定的用法）にも，そうでない場合（非特定的用法）にも用いられる。しかし，ジョンの願望の世界に目を向ければ，どちらの解釈でも，このジョンの願望の世界に特定の指示対象を持つ。ここで言及されている「現実世界」「願望の世界」は共に可能世界の一種と考えることができる。

　ヴァン・ヴォークトの作品に，さまざまな「蓋然世界」(probability world) を移動し，時空の秩序を保持する任務を課せられた「能力人」(Possessor) の話がある。この蓋然世界もまた，可能世界の一種と考えてよい。次の引用は，能力人による時空の調整に関する報告の一つである。

(12)　TEMPORARY SOLUTION: A warning to the Emperor, who nearly collapsed when he realized that he was confronted by a Possessor. His instinct for self-preservation impelled him to give guarantees as to future conduct.

COMMENT: This solution produced <u>a probability world Type 5</u>, and must be considered temporary because of the very involved permanent work that Professor Link is doing on the fringes of the entire two hundred and seventy-third century.

(Van Vogt, *Destination Universe!*: 161)

(一時的な解決法: 皇帝への警告。皇帝は，能力人に対面していることを知り，ほとんど卒倒しそうになった。彼は，自己保存

の本能により、将来の行動について保証を表明せざるを得なくなった。

付記：この解決案により、タイプ5の蓋然世界が生じたが、リンク教授が273世紀全域の周辺時域において行っている極めて複雑な永久的作業のため、この解決案は一時的なものと考えなければならない。）

英語には含意動詞（implicative verb）と呼ばれる動詞と非含意動詞（non-implicative verb）と呼ばれる動詞がある。含意動詞であるmanageを伴った(13)は(15)を含意（imply）するが、非含意動詞であるdecideを伴った(14)は(15)を含意しない。

(13) John managed to catch a fish.
(14) John decided to catch a fish.
(15) John caught a fish.

つまり、(13)が真であれば、(15)も真であるが、(14)が真であっても、(15)が真であるとは限らない。(14)では、ある過去の時点において、ジョンは魚を捕まえると決めたが、この行為によって二つの蓋然世界が生ずることになる。一つは(15)が真である蓋然世界であり、もう一つは(15)が偽（false）である蓋然世界である。

SFに限らず、自然科学の体系の一部が意味論の考え方と関連を持つことがある。第3章で述べたように、文構造は、しばしば、動詞表現とそれと結び付いた名詞表現の体系として特徴付けられる。そして、動詞表現と名詞表現の関係は主題関係（thematic relation）、格関係（case relation）、役割関係（role relation) などの概念で説明される。このような関係は，比喩として言えば，自然界にも存在する。たとえば，太陽と惑星からなる太陽系の構造と平行的である。具体例として，次の文の構造について考えてみよう。

(16) John broke the window with a hammer.

(16) の核となっているのは break という動詞表現である。この動詞表現に，それと一定の意味関係をもった三つの名詞表現，すなわち，John, the window, a hammer が付帯している。これら三つの名詞表現は，動詞に対して，それぞれ，動作主 (agent), 被動作主 (patient), 道具 (instrument) という役割関係を持つ。

SF で取り上げられている道具が極めて興味深いテーマを提供してくれることがある。最近の学問研究の傾向として，単一の学問領域による研究ばかりでなく，学際的な研究が重視されることがある。意味論の領域でも，哲学，論理学，心理学など，さまざまな学問領域との連携の中で研究が進められている。このような傾向の根底にある考え方は，ヴァン・ヴォークトの作品の中でも取り上げられている。それは「ネクシャリズム」(Nexialism) と呼ばれている想像上の学問で，ヴァン・ヴォークトの *The Voyage of the Space Beagle* に登場する。その概要は，作品の中で紹介されている。

(17) The guard looked again at the card, and then said as he handed it back, "Nexialism? What's that?"
"Applied whole-ism," said Grosvenor, and stepped across the threshold.

(Van Vogt, *The Voyage of the Space Beagle*: 37)
(警備員はカードに再び目をやって，それから，そのカードを返しながら，

「ネクシャリズム？ 何のことですか？」と言った。

「応用全体学のことだよ」とグローヴナーは言って，入り口に足を踏み入れた。)

(18) At the Nexial Foundation we teach that behind all the grosser aspects of any science there is an intricate tie-up with other sciences. That is an old notion, of course, but there is a difference between giving lip service to an idea and applying it in practice.　　(ibid.: 44)

(ネクシャリズム財団では，どんな科学でも，すべての側面全体を見れば，その背後には，他の諸科学との複雑な連携が存在すると教えられています。もちろん，これは古い考えですが，ある考えを口先だけで言うのと，それを実際に応用するのとでは，違いがあります。)

(19) The trouble with what the scientists had agreed on was that it was not thorough enough. A number of specialists had pooled their knowledge on a fairly superficial level. Each had briefly outlined his ideas to people who were not trained to grasp the wealth of association behind each notion.

　　　　　　　　　　　　［既存の学問領域への批判として］　(ibid.: 39)

(科学者たちの合意事項で困ったことは，十分な徹底さに欠けるということだった。何人かの科学者が，自分たちの知識をかなり表面的なレベルで出し合っただけだった。それぞれの科学者

が，それぞれの考えの背後にある豊富な連想を理解する訓練ができていない人たちに自分たちの考えの概略を簡単に披露したにすぎなかった。）

(20) Nexialism is the science of joining in an orderly fashion the knowledge of one field of learning with that of other fields. It provides techniques for speeding up the processes of absorbing knowledge and of using effectively what has been learned. (ibid.: 51)
（ネクシャリズムとは，一つの学問領域の知識を他の学問領域の知識と秩序だった方法で結び付ける科学です。それは，知識を吸収し，学んだことを効果的に使用する過程の速度を速める技術を提供してくれます。）

これらの記述を組み合わせれば，ネクシャリズムの概要がわかる。この立場は，学問研究の一方法として実り多いものとなる可能性がある。学際的な研究にはプラス面とマイナス面が内包されている。プラス面としては，まったく新しい知見や視点が生まれてくる可能性がある。どのような学問分野についても，その背後に他の学問領域との有意義な連携が存在する可能性がある。マイナス面としては，既存の伝統的学問分野や基礎研究が軽視される可能性を挙げることができる。この軽視の傾向が進行すれば，健全な学問活動の停止につながる危険性もある。充実した個別的研究の基礎がなければ，学際的な研究の成果も期待できない。ヴァン・ヴォークトの作品では，ネクシャリズムの学者であるグローヴナー（Grosvenor）と伝統的な学問領域の研究者との対立を通して，このような問題が取り上げられている。

4. SFで用いられる言語

　SFはさまざまな状況を描写する。それらの中には現実にはあまり起こりそうもないような状況が多数存在する。このような状況がどのように描写されているのかを観察することは，言語の表現構造上の特徴を理解するうえで有益である。新しいさまざまな状況がどのように言語化されるのかを観察することによって，表現構造の特徴を知ることができる。事物の名前については，当然のことながら，さまざまな表現が生まれている。たとえば，次の一節にはSFならではの用語が散在している。

(21) Your theories on warp drive allow fleets of starships to be built ... and humankind to start exploring the galaxy.
(Dillard, *Star Trek: First Contact*: 126)
（あなたのワープ航法に関する理論のお陰で，たくさんの星間宇宙船が建造され，... 人類が銀河を探求するようになったのです。）

(22) Basically the psychograph was a comparatively simple instrument. It registered the weak magnetic fields associated with thought activity, whereby the intensity and frequency indicated the intelligence level of the thinker. For example, such fields associated with animal thought waves were found to be incomparably weaker and lower in frequency than those of a human. The psychograph was in no way intended for deciphering thoughts: it only determined the degree of thought

activity. This capability had earned it the name of "vibe scanner" among the more whimsical researchers.

(Mahr, *Dimension Search*: 51)

(サイコグラフというのは,基本的には,比較的簡単な機械でした。思考活動に付帯する弱い磁場を記録するもので,その強度と周波数で思考主体の知能レベルがわかるようになっていました。たとえば,動物の思考波に付帯する磁場は,人間のそれと比べて,比較にならないほど弱くて周波数が低いことがわかりました。サイコグラフは,決して思考を解読するためのものではなく,単に思考活動の度合いを測定するだけでした。この性能のために,気まぐれな研究者の間で「ヴァイブ・スキャナー」と呼ばれていました。)

　表現構造の解明に特に役立つと思われるのは,主として名詞以外の表現である。そこには,すでに存在する語の意味を拡張させ,新しい状況を言語化させるプロセスが観察される。一例として,次の一節の beam という語の使い方に注目したい。

(23)　With a frenzied, incoherent cry, the ship's surgeon fled the bridge. Within minutes the entire ship was alerted. The library tapes on cordrazine said that at such dosages, paranoia was a frequent outcome—but McCoy knew the ship too well. By the time a search was organized, he had reached the transporter room and beamed himself down to the planet the *Enterprise* was orbiting.　(Blish, *Star Trek* 2: 89)

(狂乱した支離滅裂な叫び声を上げて,その宇宙船の船医はブ

リッジから逃げ出してしまった。数分で宇宙船全体が警戒態勢に入った。コードラジンに関するライブラリーテープには，これだけの量を投与すると，しばしば，錯乱状態が起こるという——しかし，マッコイはその宇宙船のことを知り抜いていた。捜索隊が編成されたときには，彼はすでに転送室にたどり着き，エンタープライズ号が軌道飛行していた惑星に光線降下していた。)

beam の語義は，次の英英辞典からの引用からもわかるように，「シグナルを送る」という意味である。

(24) beam: Signals are **beamed** somewhere when they are sent there by radio waves (*HEED*)

そして，たとえば，次のように用いられる。

(25) Now that satellite TV is being beamed into homes all across Europe. (*HEED*)

(23) では，beam が再帰代名詞とともに用いられており，自らをビームで移動させ，惑星上に降りるという意味を表している。

さらに，私たちにとっては馴染みのない状況が言語化される事例を検討することで，さまざまな語法の本来の姿が浮かび上がってくることもある。たとえば，定冠詞の用法について考えてみよう。sun という名詞は典型的には the sun という形で用いられると言われているが，これは，我々が住んでいる太陽系には太陽が一つであるという事実が前提となっている。状況が変われば，次の例に見るように，不定冠詞つきで用いられることもある。

(26) This planet was *cold*. A burnt-out sun hung dolorously in the sky, producing a permanent, silvery twilight.

(Blish, *Star Trek* 2: 89)

(この惑星は冷えきっていた。燃え尽きた太陽が悲しげに空にかかり，永遠の銀のたそがれを作り出していた。)

これは，ある宇宙船がはじめて降り立った惑星の景色を述べたものである。ここでは，太陽が一つであるという前提のない状況で，太陽の様子が述べられている。このような事例は，冠詞の本来の用法を知るための手掛かりとなる。

最後に，比喩表現と誇張表現の例を取り上げてみよう。比喩表現も誇張表現も，話し手と聞き手のさまざまな知識を基礎として作り出される。SF 作品では背景となる知識が，我々の日常生活とはかけ離れている場合がしばしばであり，比喩や誇張という行為もこのような前提のもとで実現することになる。

(27) On the viewscreens <u>a glowing carpet of light-points covered the black background of endless space</u>.

(Mahr, *Dimension Search*: 9)

(スクリーンを見ると，星星の輝くカーペットが無限の黒い宇宙空間を覆っていた。)

(28) Your sheer nerve in being willing to go the whole route makes me love you more than ever, if such a thing can be possible, and <u>it certainly puts a new face on the whole cock-eyed Universe for me</u>.

(Smith, *Spacehounds of IPC*: 55)

(喜んで私とどこまでも行くという君の真の勇気のおかげで，私

は君のことが今まで以上に好きになってしまうよ。もう，これ以上好きになれないほど君のことが好きなんだけどね。それに，間違いなく，私のゆがんだ宇宙観全体が一新されてしまいそうだよ。)

これらの引用には，SFならではの比喩表現や誇張表現が使われ，表現行為の豊かな創造性をかいま見ることができる。

5. おわりに

　SF（空想科学小説）という小説形態を材料として，英語という言語の拡がりについて考えてみた。SFの本質的性質の必然的結果として，現実世界では起こりえないさまざまな状況が扱われることになる。このような状況で利用される思考様式は，しばしば，通常の論理とは異なるユニークな法則に依存している。しかし，この解放された世界で使用される思考方式には，意味論的な思考形式が観察されることがある。

　さらに，SFを通して多様な表現行為を体験することができる。これは，言語の創造性を学ぶことにもなり，教育英語意味論の構築にも寄与することが予想される。本章では，いくつかのSF作品を取り上げ，具体的な現象を考察してきたが，そこに組み込まれた意味論の視点や考え方は，極めて重要であると思われる。

　今後も，さまざまなSF作品が発表されると予想される。その作品の中で，さまざまな世界，思考方式，言語が登場する可能性がある。これらの研究を通して，言語の多様性，さらには言語分析の方法についてユニークな視点が得られるかもしれない。

あ と が き

　国際化・グローバル化の進行とともに，英語の必要性は増大するばかりである。この傾向と連動する形で，外国語としての英語学習の方法も多様化している。このような状況の中で，もちろん，実践的な英語力の養成も大切な課題であるが，英語という言語そのものの理解に結び付く英語力の養成という視点にも目を向けるべきである。外国語としての英語の学習には，少なくとも二つの種類がある。一つは，学習者の英語学習の動機付けに依存した目的指向型の英語学習である。もう一つは，すべての英語学習の基盤となる総合的な英語力の養成を目指した基盤指向型の英語学習である。基盤指向型の英語学習は，外国語学習の意義に応えられるものでなければならない。外国語の学習には，英語に限らず，新たな思考回路が構築できるという重要な意義がある。

　目的指向型英語学習と基盤指向型英語学習は英語学習の多様化によって生み出されたものであるが，この多様化は，プラスの側面とマイナスの側面とを内包している。この対立をどのように処理していくのかが大きな課題となる。プラスの側面としては，英語学習の動機，目的に合致した個別的な英語学習法の実行が可能になるという点である。これにより，英語学習の具体性，現実性が満たされ，学習効率が高まることになる。一方，マイナスの側面としては，個別性の高い英語学習が無秩序に展開していくと，総合的な英語力が軽視されることになり，結果として，英語学習の基盤が失われるばかりか，外国語としての英語学習の意義が軽

視される危険性がある。

つまり，英語学習の個別化は，それぞれの英語学習者の目的に合致した学習方法の開発に役立つという点では有益であるが，同時に，英語学習の基盤となる総合的な英語学習体系を曖昧にし，外国語としての英語学習の意義が見失われてしまう危険性を持っている。このような状況に留意すれば，英語学習の個別的な側面と総合的な側面に目を向け，その有意義な体系化を目指すべきである。そうすることによってはじめて，望ましい英語学習の実行が可能になると思われる。

英語学習は，基本的には，英語表現の解釈と生成の方法を学習することである。一般に，言語表現は形の側面と意味の側面とを持つが，この二つの側面を結び付けている仕組みが「文法」であるという認識に立てば，英語学習の基本的な内容は，適切な英文法の学習ということになる。ここでの課題は，「適切な英文法」とは具体的にどのような体系であるのか，という問題である。英語学習の多様化の中で，個別的な目的を実現するためにさまざまな英文法が提示されているが，これらの英文法を構築するための基盤指向型の英文法，つまり「教育英文法」が必要となる。個別的な目的を満たす英文法は，この教育英文法の体系の中で扱われることになる。外国語としての英語の習得を総合的な視点から見渡すために最適化された英文法を教育英文法として位置付けることができる。

本書では，外国語学習の意義にも注目し，意味論に基づく教育英文法，つまり，教育英語意味論の考え方を概観した。特に重要であると思われる視点は，認知意味論の視点である。言語表現の意味体系と言語処理のプロセスを重視した教育英語意味論の視点

が大切である。さらに言えば，教育英語意味論に支えられた学習英文法を仮定し，英語学習上有意義な学習英文法の骨組みを明らかにすることが重要である。学習英文法は，学習上の容易さだけを考慮した英文法の体系ではなく，言語学的にも有意義な英文法でなければならない。文法とは，言語表現の形の側面と意味の側面とを結び付ける仕組みを明示的に記述したものであるが，この基本的な認識に基づいて学習英文法の枠組みについて議論する必要がある。

参考文献

引用資料

Albom, Mitch. *Tuesdays with Morrie*. New York: Doubleday, 1997.

Allen, Woody. *Four Films of Woody Allen*. London: Faber and Faber Ltd., 1983.

Blish, James. *Star Trek 2*. New York: Bantam Books Inc., 1968.

Bradbury, Ray. *The Stories of Ray Bradbury*. Vol. 1. London: Grafton Books, 1983.

Chandler, Raymond. *Killer in the Rain*. London: Penguin Books, 1964.

Copeland, Lewis. (ed.) *High School Subjects Self Taught*. Third Revised and Enlarged Edition. New York: Doubleday & Company, Inc., 1968.

Dahl, Roald. *The Collected Short Stories of Roald Dahl.* London: Penguin Books, 1992.

Dillard, J. M. *Star Trek: First Contact*. New York: Pocket Books, 1997.

Gardner, Erle S. *The Case of the Lucky Legs*. New York: Pocket Books, 1941.

Gardner, Erle S. *The Case of the Rolling Bones*. New York: Pocket Books, 1947.

Gardner, Erle S. *The Case of the Vagabond Virgin*. London: Pan Books Ltd., 1968.

Gardner, Erle S. *The Case of the Lazy Lover*. London: Pan Books Ltd., 1971.

Gardner, Erle S. *The Case of the Amorous Aunt.* London: Pan Books Ltd., 1973.

Gardner, Erle S. *The Case of the Phantom Fortune.* London: Pan Books Ltd., 1974.

Gardner, Erle S. *The Case of the Lonely Heiress.* New York: Ballantine Books, 1983.

Gardner, Erle S. *The Case of the Buried Clock*. New York: Ballantine Books, 1983.

Gardner, Erle S. *The Case of the Foot-Loose Doll*. New York: Ballantine Books, 1983.

Gardner, Erle S. *The Case of the Empty Tin*. New York: Ballantine Books, 1984.

Gardner, Erle S. *The Case of the Silent Partner.* New York: Ballantine Books, 1985.

Gardner, Erle S. *The Case of the Velvet Claws*. New York: Ballantine Books, 1985.

Gardner, Erle S. *The Case of the Terrified Typist*. New York: Ballantine Books, 1987.

Gardner, Erle S. *The Case of the Lucky Loser*. New York: Ballantine Books, 1990.

Gardner, Erle S. *The Case of the Deadly Toy.* New York: Fawcett Books, 2000.

Gardner, Erle S. *The Case of the Mythical Monkeys*. New York: Ballantine Books, 2000.

Gardner, Erle S. *The Case of the Fabulous Fake*. New York: Fawcett Books, 2000.

Gardner, Erle S. *The Case of the Postponed Murder.* London: House of Stratus, 2000.

Grant, Joan. (ed.) *The Australopedia*. Fitzroy, Victoria: McPhee Gribble Publishers Pty Ltd., 1988.

Grimwood, Ken. *Replay.* New York: William Morrow and Company, Inc., 1986.

Haraguchi, Shosuke et al. (eds.) *Pro-Vision English Course* I. New Edition. Tokyo: Kirihara Shoten, 2007.

Haraguchi, Shosuke et al. (eds.) *Pro-Vision English Course* II. New Edition. Tokyo: Kirihara Shoten, 2008.

Lehman, Ernest. *North by Northwest.* London: Faber and Faber Ltd., 1999.

Mahr, Kurt. *Dimension Search*. New York: Ace Books, 1974.

Reischauer, Edwin O. et al. (eds.) *Japan: An Illustrated Encyclopedia.* Tokyo: Kodansha, 1993.

Rowling, J. K. *Harry Potter and the Philosopher's Stone.* London: Bloomsbury, 2000.

Rowling, J. K. *Harry Potter and the Chamber of Secrets.* London: Bloomsbury, 2002.

Smith, Edward E. *Spacehounds of IPC*. Frogmore, St Alban, Herts.: Panther Books Ltd., 1974.

Tanaka, Shigenori et al. (eds.) *Pro-Vision: English Communication* I. Tokyo: Kirihara Shoten, 2013.

Tanaka, Shigenori et al. (eds.) *Pro-Vision: English Communication* II. Tokyo: Kirihara Shoten, 2015.

Van Vogt, A. E. *The Voyage of the Space Beagle*. Frogmore, St Alban, Herts.: Panther Books Ltd., 1959.

Van Vogt, A. E. *Destination Universe!* Frogmore, St Alban, Herts.: Panther Books Ltd., 1960.

Van Vogt, A. E. *The Players of Null-A*. New York: Berkley Publishing Corp., 1974.

参照辞典

Cambridge International Dictionary of Idioms. Cambridge: Cambridge University Press, 1998. (*CIDI*)

Chambers Student Learners' Dictionary. Edinburgh: Chambers Harrap Publishers Ltd., 2009. (*CSLD*)

Collins COBUILD Learner's Dictionary. Glasgow: HarperCollins Publishers, 2003. (*COBUILD-LD*)

Harrap's Essential English Dictionary. Edinburgh: Chambers Harrap Publishers Ltd., 1995. (*HEED*)

Longman Dictionary of Contemporary English. New Edition. Harlow, Eng.: Pearson Education Ltd., 2009. (*LDCE*)

Longman Phrasal Verbs Dictionary. London: Longman, 2000. (*LPVD*)

Macmillan English Dictionary. Oxford: Macmillan Publishers Ltd., 2002. (*MED*)

Merriam-Webster's Advanced Learner's English Dictionary. Springfield, Mass.: Merriam-Webster, 2008. (*Merriam-Webster*)

Oxford Advanced American Dictionary for Learners of English. Oxford: Oxford University Press, 2011. (*OAADLE*)

Scott Foresman Advanced Dictionary. Glenview, Illinois: Scott, Foresman and Company, 1973. (*SFAD*)

Webster's Third New International Dictionary of the English Language. Springfield, Mass.: G. & C. Merriam Co., 1981. (*WTNIDEL*)

Word Wise: A Dictionary of English Idioms. London: Harrap Ltd., 1988. (*WW*)

参考論文・図書一般

Alexander, Louis G. (1988) *Longman English Grammar*, Longman, London and New York.

Allan, Keith (1980) "Nouns and Countability," *Language* 56, 541–567.

Bache, Carl and Niels Davidsen-Nielsen (1997) *Mastering English: An Advanced Grammar for Non-native and Native Speakers*, Mouton de Gruyter, Berlin/New York.

Bosewitz, Rene (1987) *Penguin Students' Grammar of English*, Penguin Books, London.

Chalker, Sylvia (1984) *Current English Grammar*, Macmillan, London.

Chomsky, Noam (1972) *Studies on Semantics in Generative Grammar*, Mouton & Co., The Hague.

Close, R. A. (1975) *A Reference Grammar for Students of English*, Longman, London.

Comrie, Bernard (1976) *Aspect: An Introduction to the Study of Verbal Aspect and Related Problems*, Cambridge University Press, Cambridge.

Crystal, David (1987) *The Cambridge Encyclopedia of Language*, Cambridge University Press, Cambridge.

Crystal, David (1991) *The Dictionary of Linguistics and Phonetics*, Basil Blackwell, Cambridge, MA.

Curme, George O. (1931) *Syntax*, Maruzen Asian Edition, Maruzen, Tokyo.

Declerck, Renaat (1988) *Studies on Copular Sentences, Clefts and Pseudo-Clefts*, Leuven University Press, Leuven.

Dixon, Robert M. W. (1973) "The Semantics of Giving," *The Formal Analysis of Natural Language*, ed. by M. Gross et al., 205–223, Mouton, The Hague.

Dixon, Robert M. W. (1991) *A New Approach to English Grammar, on Semantic Principles*, Clarendon Press, Oxford.

Downing, A. and P. Locke (2006) *English Grammar: A University Course*, 2nd ed., Routledge, London and New York.

Eastwood, J. (2005) *Oxford Learner's Grammar: Grammar Finder*, Oxford University Press, Oxford.

Eckersley, C. E. and J. M. Eckersley (1960) *A Comprehensive English Grammar*, Longman, Harlow, Essex.

Fauconnier, Gilles (1985) *Mental Spaces: Aspects of Meaning Construction in Natural Language*, MIT Press, Cambridge, MA.

Fillmore, Charles J. (1968) "The Case for Case," *Universals in Linguistic Theory*, ed. by E. Bach and R. Harms, 1-88, Holt, Rinehart and Winston, New York.

Frege, Gottlob (1970) *On Sense and Reference. Translations from the Philosophical Writings of Gottlob Frege*, ed. by P. Geach and M. Black, 56-78, Basil Blackwell, Oxford.

Goldberg, Adele E. and Ray S. Jackendoff (2004) "The English Resultative as a Family of Constructions," *Language* 80, 532–567.

Greenbaum, Sidney (1969) *Studies in English Adverbial Usage*, Longman, London.

Hancock, Paul (1990) *Is That What You Mean?*, Penguin Books, London.

Hawkins, John A. (1978) *Definiteness and Indefiniteness*, Humanities Press, Atlantic Highlands, NJ.

Hewings, Martin (1999) *Advanced Grammar in Use*, Cambridge University Press, Cambridge.

Hooper, Joan B. (1974) *On Assertive Predicates*, Indiana University Linguistics Club, Bloomington.

Hooper, Joan B. and Sandra A. Thompson (1973) "On the Applicability of Root Transformations," *Linguistic Inquiry* 4, 465-497.

Horn, G. (1974) *The NP Constraint*, Doctoral dissertation, University of Massachusetts.

Huddleston, Rodney and Geoffrey K. Pullum (2002) *The Cambridge Grammar of the English Language*, Cambridge University Press, Cambridge.

Jackendoff, Ray S. (1972) *Semantic Interpretation in Generative Grammar*, MIT Press, Cambridge, MA.

Jacobs, Roderick A. and Peter S. Rosenbaum (1971) *Transformations, Style, and Meaning*, Xerox College Publishing, Waltham, MA.

Jespersen, Otto (1961) *A Modern English Grammar on Historical Principles*, IV, George Allen & Unwin, London.

Kearns, Kate (2000) *Semantics*, 2nd ed., Palgrave Macmillan, New York.

Kiparsky, Paul and Carol Kiparsky (1970) "Fact," *Progress in Linguistics*, ed. by M. Bierwisch and K. E. Heidolph, 143-173, Mouton, The Hague.

Kreidler, Charles W. (1998) *Introducing English Semantics*, Routledge, London and New York.

Kuno, Susumu (1970) "Some Properties of Non-referential Noun Phrases," *Studies in General and Oriental Linguistics*, ed. by R. Jakobson and S. Kawamoto, 348-373, TEC Company, Tokyo.

Kuno, Susumu (1987) *Functional Syntax: Anaphora, Discourse and Empathy*, University of Chicago Press, Chicago and London.

Langacker, Ronald W. (1987) *Foundations of Cognitive Grammar*, Vol. I, Stanford University Press, Stanford.

Langacker, Ronald W. (2008) *Cognitive Grammar: A Basic Introduction*, Oxford University Press, Oxford.

Langendoen, D. T. (1970) *Essentials of English Grammar*, Holt, Rinehart and Winston, New York.

Lock, Graham (1996) *Functional English Grammar: An Introduction for Second Language Teachers*, Cambridge University Press, Cambridge.

Long, Ralph B. (1961) *The Sentence and Its Parts*, University of Chicago Press, Chicago and London.

Mair, Christian (1990) *Infinitival Complement Clauses in English: A Study of Syntax in Discourse*, Cambridge University Press, Cambridge.

Matreyek, W. (1983a) *Communicating in English 1: Functions*, Pergamon Press, New York.

Matreyek, W. (1983b) *Communicating in English 2: Notions*, Pergamon Press, New York.

Matreyek, W. (1983c) *Communicating in English 3: Situations*, Pergamon Press, New York.

McCarthy, M. and F. O'Dell (2005) *English Collocations in Use*, Cambridge University Press, Cambridge.

McCawley, James (1971) "Tense and Time Reference in English," *Studies in Linguistic Semantics*, ed. by C. Fillmore and D. Langendoen, 97–113, Holt, Rinehart and Winston, New York.

中右実 (1994)『認知意味論の原理』大修館書店,東京.

O'Grady, William, Michael Dobrovolsky and Mark Aronoff (1993) *Contemporary Linguistics: An Introduction*, St. Martin's Press, New York.

Palmer, Frank R. (1987) *The English Verb*, 2nd ed., Longman, London.

Paterson, Ken (2012) *Oxford Living Grammar*, Upper-intermediate, Oxford University Press, Oxford.

Poutsma, Hendrik (1926) *A Grammmar of Late Modern English*, Part II, Section II, Noordhoff, Groningen.

Quirk, Randolph, Sidney Greenbaum, Geoffrey Leech and Jan Svartvik (1985) *A Comprehensive Grammar of the English Language*, Longman, London and New York.

Radden, Günter and René Dirven (2007) *Cognitive English Grammar*, John Benjamins, Amsterdam/Philadelphia.

Rodman, Robert (1975) *The Nondiscrete Nature of Islands*, Indiana Linguistics Club, Bloomington.

Rudzka, B., J. Channell, Y. Putseys and P. Ostyn (1981) *The Words You Need*, Macmillan, London.

Sag, Ivan A. (1976a) *Deletion and Logical Form*, Doctoral dissertation, MIT.

Sag, Ivan A. (1976b) "A Logical Theory of Verb Phrase Deletion," *CLS* 12, 533-547.

Sag, Ivan A. (1978) "Floated Quantifiers, Adverbs, and Extraction Sites," *Linguistic Inquiry* 9, 146-150.

Sag, Ivan A. (1980) "A Further Note on Floated Quantifiers, Adverbs, Extraction Sites," *Linguistic Inquiry* 11, 255-257.

坂井孝彦 (2004)「制限的用法の関係詞と先行詞の冠詞」『横浜商大論集』37(2), 186-245, 横浜商科大学.

佐藤芳明・田中茂範 (2009)『レキシカル・グラマーへの招待』開拓社, 東京.

瀬戸賢一(編集主幹) (2007)『英語多義ネットワーク辞典』小学館, 東京.

Sinclair, John, ed. (1992) *Collins COBUILD English Usage*, Harper-Collins, London.

Swan, Michael and Catherine Walter (2011) *Oxford English Grammar Course*, Advanced, Oxford University Press, Oxford.

武田修一 (1977)「限量化と不定冠詞について:特に総称不定冠詞の機能をめぐって」『英語学』17, 32-45.

武田修一 (1979)「文副詞表現の語用論」『英語学』20, 45-59.

Takeda, Shuichi (1981) *Reference and Noun Phrases*, Libel Press, Tokyo.

武田修一 (1987)『英語意味論の基礎的研究』リーベル出版, 東京.

武田修一 (1988a)「名詞表現の指示機能と記述機能」『静岡女子大学創立20周年記念論文集』271-284, 静岡女子大学.

武田修一 (1988b)「意味論研究の方法と課題」『文化・文明の新しき地平』, 木村浩・美尾浩子(編著), 143-172, 北樹出版, 東京.

武田修一 (1989)「英語意味論の世界」『異文化領域への架橋』, 関森勝夫・武田修一(編著), 33-71, 北樹出版, 東京.

武田修一 (1997)「意味論の視点――日英比較意味論の試み――」『ことばと文化』第1号, 61-69, 静岡県立大学英米文化研究室.

武田修一 (1998)『英語意味論の諸相』リーベル出版, 東京.

武田修一 (2000)「名詞表現の生成に関する認知意味論的考察 (1)」『ことばと文化』第3号, 15-26, 静岡県立大学英米文化研究室.

武田修一 (2002)「名詞表現の生成に関する認知意味論的考察 (2)」『ことばと文化』第5号, 25-38, 静岡県立大学英米文化研究室.

武田修一 (2003)「英語表現に見る誘因現象に関する一考察」『市河賞36年の軌跡』, 財団法人語学教育研究所(編), 289-297, 開拓社, 東京.

Takeda, Shuichi (2004) "The Discourse Semantics of Visual Perception and Knowledge," *Tsukuba English Studies*, Vol. 22, 177-190.

武田修一 (2007)「単語の意味から見た談話の構造――外国語学習との関連で――」*Irice Plaza* 17, 6-14, アイリス英語教育学会.

武田修一 (2008)「教育英文法の意義と評価に関する一考察――冠詞の教育英文法を例として――」*Ars Linguistica* 15, 36-53, 日本中部言語学会.

武田修一 (2009a)「教育英文法と英語冠詞の誤用分析」*Ars Linguistica* 16, 72-90, 日本中部言語学会.

Takeda, Shuichi (2009b) "On the Cognitive Dependence Phenomena Observed in English Expressions," *Germanic Languages and Linguistic Universals*, ed. by J. O. Askedal et al., 145-161, John Benjamins, Amsterdam/Philadelphia.

武田修一 (2010)「冠詞の選択と関係詞節」*Ars Linguistica* 17, 46-59, 日本中部言語学会.

武田修一 (2011)「現代英語における現在完了形の使用基盤に関する認知論的考察」*Ars Linguistica* 18, 65-79, 日本中部言語学会.

武田修一 (2012)「英語現在完了形構文の意味論」*Ars Linguistica* 19, 78-90, 日本中部言語学会.

武田修一 (2015)「現代英語に観察されるラベリング現象に関する一考察」『言語研究の視座』, 深田智・西田光一・田村敏広(編), 397-411, 開拓社, 東京.

武田修一・小原純子 (2001)『英文法のからくり』丸善, 東京.

Thomson, A. J. and A. V. Martinet (1986) *A Practical English Grammar*, 4th ed., Oxford University Press, Oxford.

Ungerer, Friedrich and Hans-Jörg Schmid (1996) *An Introduction to Cognitive Linguistics*, Longman, London and New York.

Vendler, Z. (1967) *Linguistics in Philosophy*, Cornell University Press, Ithaca.

山梨正明 (1995)『認知文法論』ひつじ書房,東京.

安井稔 (1978)『新しい聞き手の文法』大修館書店,東京.

吉田正治 (1995)『英語教師のための英文法』研究社,東京.

Yule, George (1998) *Explaining English Grammar*, Oxford University Press, Oxford.

Yule, George (2006) *Oxford Practice Grammar*, Advanced, Oxford University Press, Oxford.

Zwier, Lawrence J. (2002) *Building Academic Vocabulary*, University of Michigan Press, Ann Arbor.

索　引

1. 事項の日本語はあいうえお順。語句の英語はABC順で末尾に記載。
2. 数字はページ数を示す。

事　項

［あ行］

アカデミック英語　66-72
アルファベット異形　102-103
一般意味論　171-173
意味の拡張　55-59
意味文法　19-26, 30-34, 37-52, 68, 75, 77-80, 86, 95-96, 99, 111-112, 132-134, 146, 151, 165-169
意味論的構文論　99-111
依頼　32-33

［か行］

外在的関連性　26-31, 34-35, 59-65, 73, 96
外在的体系性　55, 79-80, 82-83, 90-96
蓋然世界　176-177
外的世界　150-151, 169
概念に基づく関連性　26-29, 55, 59-67
格関係　177-178
拡散的認知　135-137
格文法　100
過去時間面　153, 160-161, 165-166, 169
過去分詞　42-44, 115-116, 151-156, 165-167, 169
過去分詞形　115-116, 151-155, 165-169
可算性　122-124, 135-136
可算名詞　124, 134-136, 138-139
仮定法　49-50
可能世界　135-136, 140, 175-177
含意動詞　177
関係記述　39-40
関係詞　46, 48, 116, 121-122
関係代名詞　43-46, 48
関係副詞　43-44, 48
感情の表出　10, 39, 47-48, 78
願望の世界　176
慣用表現の不完全性　108

完了　21, 42-43, 99, 156-157, 165-166
完了用法　156-157, 165-166
旧情報　125-127, 150, 169
強調　126-127
強調構文　127
許可　32-33
句　2, 19, 26, 33, 37, 53, 66, 77
句動詞　42, 58-59, 91-92
経験用法　156-157, 166-168
継続　165-168
形容詞　10-11, 41, 43-44, 46, 79, 145
形容詞節　129-130
結果　24, 49, 68-72, 107-108, 117-118, 154, 165-166
結果構文　107
牽引　159-165
牽引要因　160-165
現在完了形構文　147-169
現在完了進行形　23-24, 43
現在分詞　43-44
現実世界　135-136, 176
限量詞　102-103
語彙の体系化　55-66, 79
語彙ファイル　53-74, 96
語彙文法　76-96
合接詞　5
構文　97-112
5文型　20, 40, 98, 124
語用論　4, 131, 149-151, 168

[さ行]

サブイベント　107
参与者　20-22, 41, 43-44, 78-79, 99-100, 109, 111, 109, 111, 142
参与者間の関係　20-22, 41, 78-79, 100
参与者の属性　20-21, 41, 100
時間表現　129-130
指示対象　128, 135-136, 138-139, 173-176
時制マーカー　43
視点変動　148-149, 151, 156
集束的認知　135-137
集束点標示詞　139-141, 144
主題関係　177-178
述語名詞　41
受動文　22-23
照応領域　121-122
状況構成要素　38, 41-42, 49, 78-79, 98-99, 101-107, 110-112
状況に基づく関連性　26, 29-31, 55, 64-68, 79
状況のカプセル化　39, 44-46, 78, 99, 109
状況の形態　21, 42-43, 99
状況の時間　38, 42-43, 78, 99
状況パターン　20-23, 38-43, 46-47, 78, 98-100
焦点化　124-127, 144-145
焦点化構文　127
情報の提示パターン　39, 48-49, 78
情報の山　121-122

助動詞　31-33, 43, 48, 70, 102
所有　152-153, 160-161, 165-166, 169
新情報　125-127, 143-144, 150, 169
心的語彙体系　66
制限的用法　121
接続詞　49-50, 159
説明的な文法　19-20, 33
選択　160-165
前置詞　34, 41, 79
前方照応的　126
増殖作用　59-62
属性　20-21, 41, 78-79, 100, 144-145
損傷　26-27

[た行]

対象認知　134-137
態度離接詞　6, 10
多値的　116
脱時間的　152
直接的学習　17, 33-34
定　142-143
定冠詞　138-143
丁寧　32-33
同一　102
同格の that 節　120-121, 137
同格用法　120
道具　178
統合価文法　100-101
動作主　105-107, 178
動詞句削除　102-103

動詞の型　20-21, 39-40, 78, 98
動名詞　44, 46, 86-87, 109
時を表す副詞節　129-130, 157-158
特殊構文　46
特性記述　39-41, 43-46, 101-102, 109-112, 142
特定性　175-176
特定的用法　176

[な行]

内在的関連性　25-26, 34-35, 56-59, 73, 96
内在的体系化　26, 54-59, 79
二値的　116
任意性の含意　139
認知の圧力　41, 43-47
認知のゆれ　118-119
認知リンク　68-72, 107-108
ネクシャリズム　178-180

[は行]

背景　20-21, 38, 41, 43-44, 78-79, 99-100
背景化　12-14, 83-84, 106-107, 157, 161-165
背景の記述　38, 43-44, 78, 99
排他性　127-128, 138-139
破壊　26-27
話し手の意図　117-118, 142, 150-151, 169
判断の表出　39, 47-48, 78

非含意動詞　177
非制限的用法　121-122
被動作主　178
非特定的用法　176
評価的離接詞　6-7
表現ファイル　19, 25-35, 37, 51-53, 66, 68-74, 76-77, 80, 95-96
表現文法　17-33
不可算名詞　124, 134-136
付帯状況　46-47
不定冠詞　127-128, 138-139, 142-144, 146, 183-184
不定詞　44-50, 86-87, 117-119
プロトタイプ名詞　135
文　2, 19, 26-33, 37, 77
文型　20-22, 39-41, 78, 98-99, 105, 108, 124
分詞構文　49-50, 115-117
分詞節　44, 49-50, 115-117
文体離接詞　6-7
文副詞　5-11, 47-48
文法　2-4, 14-15, 17, 19, 37-38, 52, 95-96, 132, 147, 181
分裂文　48-49, 124-127
変項　102-103
変動概念　11-14
変動概念誘発因子　13
法的離接詞　6

[ま行]

名詞節　121, 129-130
名詞表現の循環的仮説　136-137, 146

[や行]

役割関係　177-178
唯一性の含意　139
予測論理　86-95

[ら行]

λ表現　102-103
離接詞　5-8

語　句

A

a　123-124, 127-128, 167-168, 175-176, 183-184
across　24-26
admittedly　6
amazingly　5
amount　11
apparently　5
artery　68
assumption　120

B

beam　182-183
beat　93-94
beauty　138, 144
blood test　64
borrow　94-95
break　55-59, 67, 127-128, 178
bring up　91-92

C

candidly 6
car 134-135
cardiologist 64
certainty 120
chair 65
change 89-90
chip 27
chiropractor 64
claim 120
clear 10-11
clearly 6, 10-11
cloud 42
come 55, 81-82
come out of 82-83
computer 29, 65
computer table 65
confidentially 6
CPU 65
crack 27
crush 27

D

damage 26
desk 29
disk 65
doubt 120-121

E

educate 91-92
enter 80-83
eventually 70
evidence 120-121
examining room 64

F

fact 45-46, 109, 120, 138-141
favor 70-71
file cabinet 65
foolishly 6
forceps 68
fortunately 5-6, 47-48
frankly 6
furoshiki 123-124
furthermore 5

G

get the sack 108
give 59-62
go 55, 81-83
go into 83
grow 88-89
grow up 88-89
gynecologist 64

H

happily 5-6
harm 26
have 55-56, 127-128, 160, 165-166
have had it 157
head 127-128
hit the roof 108
honestly 5-11
honestly speaking 7
however 5
hurt 26

I

impair 26
in all honesty 7
increase 11-14
incredibly 6
injure 26
insurance card 64

K

keyboard 29
kimono 123-124
kind 28-29

L

largely 69
lead 69-72
leave 82-83
lend 94-95
luckily 6

M

mammogram 64-65
match 92-93
meanwhile 5
monitor 29, 65
moreover 5
mostly 69
mouse 65
MRI scan 65

N

namely 5
nevertheless 5
number 11-14

O

objection 120
obstetrician 64
obviously 5-6
octopus 134-135
often 70
only 122
operate 83-86
operating room 68
opinion 120
over 11-13

P

Pap test 65
patient 178
penetrate 82
perhaps 5-6, 9
podiatrist 64
possibly 6
printer 65
printer table 65
probably 5-6, 8-9
psychiatrist 64
put one's foot in it 108

R

receptionist 129
rent 59-62
responsible 72
retractor 68
rob 90-91

S

scalpel 68

scan 62–64
scanner 65
scrutinize 62–64
search 88
search for 88
sell 59–62
shatter 27
skunk 134–135
smash 27
sort 27–28
stacking tray 65
steal 90–91
stem 69
suit 92–93
sun 183–184
surgeon 64
sushi 123–124

T
temperature 64
that 10, 43–46, 48–49, 120–122, 125–127, 137–141
the 139–140, 144–145, 183
therefore 5
think 7–9, 47

threefold 12–13
truly 6
try doing 87
try to do 87
type 27–28

U
unfortunate 10–11
unfortunately 10
urine analysis 65
urologist 64

W
waiting room 64
walk in 82–83
what 44, 46, 127
whether 46
win 93–94
with 46–47

X
X-ray 64–65

Y
yield 71–72

初 出 一 覧

第 I 部

第 1 章「意味論と学習文法」1998 年 2 月.『ことばと文化』第 2 号. 静岡県立大学英米文化研究室.「英語教材の意味論的分析に関する覚書」2015 年 2 月.『ことばと文化』第 18 号. 静岡県立大学英米文化研究室.

第 2 章「〈表現文法〉に関する一考察」2004 年 2 月.『ことばと文化』第 7 号. 静岡県立大学英米文化研究室.

第 3 章「意味文法の体系に関する一考察」2005 年 2 月.『ことばと文化』第 8 号. 静岡県立大学英米文化研究室.

第 4 章「外国語教育における〈語彙目録〉の体系に関する一考察」2003 年 2 月.『ことばと文化』第 6 号. 静岡県立大学英米文化研究室.「アカデミックコミュニケーション能力を養成するための学習英文法——大学英語教育におけるアカデミックコミュニケーション英語教育の位置づけと課題——」2008 年 4 月.『アカデミックコミュニケーション能力の養成を目指す海外短期英語研究プログラムの構築』(科学研究費補助金基盤研究 (C) 報告論文集).

第 II 部

第 5 章「学習語彙文法の試み」2006 年 2 月.『ことばと文化』第 9 号. 静岡県立大学英米文化研究室.

第 6 章「外国語学習の視点から見た意味論的構文論の試み」2007 年 2 月.『ことばと文化』第 10 号. 静岡県立大学英米文化研究室.

第 7 章「意味論と英語語法解説」2014 年 2 月.『ことばと文化』第 17 号. 静岡県立大学英米文化研究室.

第 8 章「英語冠詞の教育意味論に関する一考察」2011 年 2 月.『ことばと文化』第 14 号. 静岡県立大学英米文化研究室.

第 9 章「英語現在完了形構文の教育意味論」2013 年 11 月. *Ars Linguistica* 20. 日本中部言語学会.

第 10 章「SF と意味論」1999 年 3 月.『ことば・文化・社会』国際関係学双書 16. 静岡県立大学国際関係学部.

武田　修一（たけだ　しゅういち）

筑波大学大学院博士課程文芸・言語研究科修了。文学博士。昭和57年度市河賞受賞。現在，静岡県立大学国際関係学部特任教授。

専門は，意味論に基づく文法研究。英語の文法と語法に関する論文を多数発表。著書として，*Reference and Noun Phrases* (Libel Press)（市河賞受賞），『英文法のからくり』（丸善）など，また，翻訳書として，『コーパス活用ロングマン実用英文法辞典』(G. Leech, B. Cruickshank, and R. Ivanič, *An A-Z of English Grammar & Usage* (Pearson Education) を訳出)（ピアソン・エデュケーション），『ケンブリッジ実用コロケーション』(M. McCarthy and F. O'Dell, *English Collocations in Use*, Intermediate (Cambridge University Press) のバイリンガル版)（ケンブリッジ大学出版）などがある。

教育英語意味論への誘い　　　　　　　　　　　　＜開拓社　言語・文化選書60＞

2016年6月23日　第1版第1刷発行

著作者　　武　田　修　一
発行者　　武　村　哲　司
印刷所　　日之出印刷株式会社／日本フィニッシュ株式会社

発行所　　株式会社　開　拓　社
　　　　　〒113-0023　東京都文京区向丘1-5-2
　　　　　電話　（03）5842-8900（代表）
　　　　　振替　00160-8-39587
　　　　　http://www.kaitakusha.co.jp

© 2016 Shuichi Takeda　　　　　　　　　　ISBN978-4-7589-2560-0　C1382

JCOPY ＜(社)出版者著作権管理機構　委託出版物＞
本書の無断複写は著作権法上での例外を除き禁じられています。複写される場合は，そのつど事前に，(社)出版者著作権管理機構（電話 03-3513-6969, FAX 03-3513-6979, e-mail: info@jcopy.or.jp）の許諾を得てください。